「アンコンシャス・バイアス」マネジメント

最高のリーダーは自分を信じない

守屋智敬
一般社団法人
アンコンシャスバイアス
研究所代表理事

かんき出版

アンコンシャス・バイアス

「無意識の偏見」「無意識の思い込み」「無意識の偏ったものの見方」

日本では2013年ごろから、ビジネス雑誌や新聞・テレビでも取り上げられるようになってきた。グーグルが、「アンコンシャス・バイアス」と名づけた社員教育活動を始めたことで一躍、有名になった言葉でもある。

なぜ、今、注目されているのか?

最大の理由は、組織の発展において、多様性が重要になってきているからだ。

画一的なマネジメントでは、一人ひとりがイキイキと活躍することはできない。

さまざまなものの見方や考え方、多様な価値観を歓迎しない組織では、新たな発想が生まれず、イノベーションが起きにくい。

ダイバーシティ&インクルージョンの時代、根拠のない思い込みが人間関係を悪化させたり、チームワークを阻害するなど、人や組織の成長機会を奪っている。まずは経営者や管理職をはじめとするリーダーから、自分自身の無意識の思い込みや、無意識の偏ったものの見方に気づき、意識して対処する。

たったそれだけで、組織の未来は劇的に変わる。

はじめに

リーダーがメンバーに対して、
「彼女は2歳の子どもがいるから」…⬇泊まりがけの出張は無理だな。
「彼は売れていないから」…⬇何をやらせても、ダメに決まっている。
「プライベートを優先するタイプだから」…⬇昇格が数年遅れても、問題ないだろう。
といったことを、勝手に決めつけている場合がある。

リーダーが自分自身に向けて、
「私はこんなにがんばっているのに」…⬇優秀な部下がいないから業績がイマイチ。
「この事業をここまで大きくしてきたのに」…⬇評価されないのはおかしい。
「まだ部長になったばかりだから」…⬇あの大役は私には無理だ。
といったことを、勝手に思い込んでいることがある。

リーダーが「無意識の思い込み＝アンコンシャス・バイアス」に囚われてしまった結果、チームで何が起きているかご存じでしょうか。

リーダーがメンバーの社歴や性別などで能力を決めつけてしまうことで、
同じようなレベルの仕事しか任せることができず、メンバーの成長機会が失われていく。結果として、組織としての成長がストップし、業績が上がらない。

リーダーの思い込みによる評価で、
メンバーのモチベーションが下がっていく。適正な評価が行われないことで、前向きになれず、やりがいを失い、新たな仕事に挑戦しようと思わなくなってしまう。

リーダーの自己防衛心で、
メンバーとの信頼関係が失われ、チーム内の心理的安全性が保たれない。互いに言いたいことが言えず、チームとしての一体感が失われ、組織が一丸となって取り組むことができなくなってしまう。

このように、**アンコンシャス・バイアスは、メンバーとの関係性、チーム運営、そして成果に大きな影響を及ぼしています。**

リーダーは、自分にアンコンシャス・バイアスがあることを認識し、自分の「確信」を疑うことが大切です。

最高のリーダーは、自分を信じない。
最高のリーダーは、自分の確信を疑う。
最高のリーダーは、誰にでもアンコンシャス・バイアスがあることを知っている。

「これって、私のアンコンシャス・バイアス？」

常にこの言葉を合い言葉として意識しているリーダーと、そうでないリーダーとでは、メンバーの成長曲線、チームの雰囲気、組織の成果（業績）に大きな差が生まれます。

リーダーが身につけておきたい必須知識として、注目をあびている「アンコンシャス・バイアス」。昨今、大手企業をはじめ、医療法人、学校法人、NPO、NGO、自治体などからの研修や講演の需要が急速に増えています。

本書では、アンコンシャス・バイアスについて、

「知る」（CHAPTER０・巻末付録）

↓

「気づく」（CHAPTER１・２）

↓

「対処する」（CHAPTER３・４）

というステップで、お伝えしていきます。

まずは「誰にでもあるアンコンシャス・バイアスとは何？」から見ていきましょう。

２０１９年5月

守屋　智敬

「アンコンシャス・バイアス」マネジメント
最高のリーダーは自分を信じない

目次

CHAPTER 0

職場にあふれている「アンコンシャス・バイアス」の正体

CHAPTER 1

自分の「無意識のバイアス」に気づく

CHAPTER 2

バイアスがあらわれやすい言動をやめる

CHAPTER 3

意識の置きどころを変える

CHAPTER 4

互いのバイアスに振り回されないチームになる

巻末付録

リーダーが意識しておきたい代表的な15のアンコンシャス・バイアス

装丁：小口翔平＋谷田優里（tobufune）
本文デザイン・ＤＴＰ：松好那名（matt's work）

職場にあふれている「アンコンシャス・バイアス」の正体

CHAPTER 0

Unconscious Bias

CHAPTER 0

アンコンシャス・バイアスって何？

■日常のいたるところで起きている「無意識の思い込み」

「メンバーにとって、良かれと思ってやったことなのに、裏目に出た」

「そんなつもりはまったくなかったのにメンバーを傷つけてしまった……」

こんな経験、ありませんか？


理由は、実はとてもシンプルです。

それは、あなたとメンバーとの「解釈」に、ズレが生まれてしまったから。

解釈のズレが相手の不快感情を生むと、人や組織に大きな影響を与えます。

原因は、それぞれが「無意識のうちに偏ったものの見方をしてしまっている」ことによるものです。

これをアンコンシャス・バイアスといいます。

日ごろ、次のようなことはありませんか？

□血液型で、性格を想像してしまう
□出身地で、お酒が強い人かどうかを想像することがある
□「今どきの若者は」と思うことがある
□「男のくせに」や「女のくせに」と思うことがある
□「親が単身赴任中です」と聞くと、父親が単身赴任中だと思う
□「普通は○○だ」「たいてい○○だ」という言葉を使うことがある

職場で、次のようなことはありませんか？

□ついつい、「これまでのやり方」や「前例」に固執してしまう
□何をするにしても、相手との「上下関係」を意識してしまう
□評価が怖くて、役員や上司には、率直に意見を言えないことがある
□「きっと自分の意見は受け入れてもらえない」と思い、遠慮してしまうことがある
□上司には、とりあえず「できます！」と言ってしまう
□世代や出身地などで、相手を見てしまうことがある
□他部署の仕事のやり方は、おかしいと感じる（＝自分たちは正しい）
□「中途入社の人は、なんでこうも考え方が違うんだろう？」とイライラしてしまう
□「ここまではわかっているはずだ」と思いながらプロジェクトを進めてしまう
□事務的な仕事は、つい女性に依頼してしまっている

そして、リーダーのあなたに、このようなことはないでしょうか？

□振り返ってみると、長期・大型案件は男性ばかりをアサインしていた
□女性との仕事は何かにつけてセクハラと言われそうで、面倒だと思うことがある
□女性は「すぐ泣く」「よく泣く」と思ってしまい、いろいろな面で注意しづらい
□小さな子どもがいる女性社員には、出張を伴う案件はアサインしづらい
□育休取得や時短勤務を選択する男性社員は、昇格欲が低いと思ってしまう
□プライベートを優先する社員は、昇格に興味がないと思ってしまう

実はこれらすべてが、「アンコンシャス・バイアス」に影響を受けてのこと。

無意識の偏見。

無意識の思い込み。

無意識の偏ったものの見方。

などなど、**さまざまな言葉で表現されているアンコンシャス・バイアスは、私たちの日常のなかに、あふれています。**

CHAPTER 0

なぜ、人は「無意識の思い込み」をしてしまうのか？

■「自己防衛心」からくる心理が生み出す

アンコンシャス・バイアスの正体は「自己防衛心」です。

「脳がストレスを回避するため」に、脳が無意識のうちに、自分にとって都合のよい解釈をすることによって起きています。

自分は正しい。
自分は悪くない。
自分のことをよく見せたい。

このような自己防衛心は、誰にでもあるものです。

問題は、自分のアンコンシャス・バイアスに気づこうとしないことです。大切なのは、

誰にでも、アンコンシャス・バイアスはあるということを知る。

そして、リーダー自らがそのことを認識し、まずは自分自身の「思い込み」に気づき、対処する。

それだけで、確実にメンバーとのコミュニケーションが大きく変わります。

そこで、「成果を高め、持続的に成長を続ける組織になるために」「一人ひとりがそれぞれに活躍できる組織をつくるリーダーとなるために」、こうした目的から、「アンコンシャス・バイアス」研修を導入する企業や自治体が増えているのです。

CHAPTER 0

どんな弊害を引き起こすのか？

■メンバーのモチベーションを下げ、チームは停滞モードに

リーダーがアンコンシャス・バイアスに気づかないでいると、左ページのようなさまざまな問題が引き起こされます。

人の意識と行動によって生まれるあらゆる問題に、アンコンシャス・バイアスは影響しています。逆にアンコンシャス・バイアスが影響していない、人の意識と行動から生まれる問題は、ほとんどないともいえるでしょう。

私たちが気づきにくい「無意識」があり、そこに気づけるかどうかが、チームを、組織をよりよく変えていけるかどうかのカギを握っているのです。

アンコンシャス・バイアスによって引き起こされる問題の例

組織の問題（例）	個人の問題（例）
・人間関係が悪化する ・組織風土が悪くなる ・建設的で風通しのいい対話がなくなる ・メンバーのやる気が上がらない ・個人や組織のパフォーマンスが低下する ・ハラスメントが横行する ・コンプライアンスの違反行動が生まれる ・イノベーションが起きない など	・遠慮がちになる ・ネガティブな独り言が増える ・自分を過大評価するか、逆に過小評価する ・否定的・悲観的になりがちになる ・イライラが増える ・言い訳が増える ・挑戦できなくなる ・成長できなくなる など

上司の顔色ばかりをうかがう組織になる

異動・評価・アサイン・昇格への不平不満が組織に蔓延する

退職や傷病休職者が増える

メンバーの成長機会を奪う

▶こうした問題は、一人ひとりの意識と行動によって引き起こされる
▶お互いのものの見方を“決めつけ”たり“押しつけ”たりすることで問題が悪化する

■あるリーダーの体験談より

次はリーダー（A課長）の体験談に基づく実例です。

ある日の会議のこと。メンバーのEさんが30分遅刻して会議室に入ってきました。A課長は、「連絡もなく遅刻とは、一体どういうことだ？」と大きな声で叱責をしていたところに、続けてメンバーKさんが会議室に入ってきました。A課長は、「連絡なく遅刻とは、大丈夫か？　何かあったのか？」と気遣う一言を。

歴然としたこの対応差。この会議から数カ月がたったころに、A課長は異変を感じます。Eさんからは退職願いが、複数のメンバーからは異動希望が提出されたのです。

あるメンバーが、その理由をそっと教えてくれたそうです。

「課長、あの日の会議のことを覚えていますか？　あの日の2人の遅刻の理由をご存じですか？　Eさんは、夜中にご家族を救急病院に連れていく事態となり、連絡もできずに遅刻をしてしまったそうです。一方のKさんは、深酒による寝坊だったんです。課長は、営業成績がイマイチのEさんには風当たりが強く、トップセールスのKさんにはいつも甘いですよね。結局、課長はぼくたちのことを業績でしか見てくれないんだなと、みんなショックだったんですよ」

A課長はこの話を聞いて、愕然としたそうです。

「冷静に振り返れば、明白な対応の差に気づくのですが、実は当時、まったくもって無自覚でした。無意識の言動でした」

リーダーの言動は、人や組織に大きな影響を与えています。

リーダーに限ったことではありませんが、リーダーはとくに「自分に無意識の偏見がないだろうか?」「偏ったものの見方をしていないだろうか?」といったことを意識することが大切です。

アンコンシャス・バイアスに気づこうとすることが、組織をよりよく変えるはじめの大きな第一歩、きっかけとなるのです。

職場の人間関係や仕事に影響する代表的なアンコンシャス・バイアス

（詳しくは巻末付録参照）

1

自分に都合のいい情報ばかりに目がいってしまう

▼

確証バイアス
（Confirmation bias）

2

人の属性や一部の特性をもとに先入観や固定観念で決めつけてしまう

▼

ステレオタイプ
（Stereotype）

3

相手の一部の長所ですべてがよく見える

▼

ハロー効果
（Halo effect）

4

周りが変化していたり、危機的な状況が迫っていても、「私は大丈夫」と、自分に都合のいいように思い込んでしまう

▼

正常性バイアス
（Normalcy bias）

5

権威ある人の言うことは、間違いないと思い込む

▼

権威バイアス
(Authority bias)

6

過去の自分の意思決定を正当化してしまう

▼

コミットメントのエスカレーション
(Escalation of commitment)

7

慣れ親しんだ考え方やものの見方に固執してしまい、他のものの見方に気がつかない

▼

アインシュテルング効果
(Einstellung effect)

8

周りと同じように行動してしまう

▼

集団同調性バイアス
(Majority synching bias)

キャリアや成長に影響する代表的なアンコンシャス・バイアス
（詳しくは巻末付録参照）

10

成功は自分の手柄であり、失敗の責任は自分にはないと思い込む

▼

自己奉仕バイアス
（Self-serving bias）

9

自分の「属性」に対する否定的な固定観念が呪縛となる

▼

ステレオタイプ脅威
（Stereotype threat）

12

費やした時間や労力を考えてしまい、やめたほうがいいことでもやめられなくなる

▼

サンクコスト効果
（Sunk cost effect）

11

自分の専門領域でものごとを考えてしまう

▼

専門偏向
（Professional deformation）

13

過去を美化してしまい、今を否定してしまう

▼

バラ色の回顧
(Rosy retrospection)

14

等身大の自分を隠して過大評価してしまう

▼

ダニング・クルーガー効果
(Dunning Kruger effect)

15

能力があるにもかかわらず、自分を過小評価してしまう

▼

インポスター症候群
(Imposter syndrome)

自分の「無意識のバイアス」に気づく

CHAPTER 1

Unconscious Bias

CHAPTER 1

リーダーのバイアスが周囲にどんな影響を及ぼしているかに気づく

■「気づく力＝自己認知力」を高める

アンコンシャス・バイアスは誰にでもあります。あなたにも、職場のメンバーにも。

たとえばこんな経験はありませんか？

各部署が集まって、今後の販売戦略を話し合っていたはずなのに、「売上が上がらないのは開発部門が売れる製品を出さないからだ」とか「営業部門が顧客ニーズを拾ってこないから製品開発がうまくいかない」などと、いつの間にか業績低迷の理由を、互いになすりつけ合い、言い争ってしまっていた。

売り言葉に買い言葉のような応酬が続き、感情的に。ひとたび感情的になってしまうと、その感情にストップをかけるのは至難の業。結果、議論すべき内容から大きくズレ、一体、何の話をしていたのか、気がつけば、そもそもの目的を見失ってしまっていた。などなど、似たような経験はありませんか？

議論が白熱し始めたら、ふと我に返ってほしいのです。

「議論がかみ合わない原因は、アンコンシャス・バイアスが影響しているのかも？」

ひと呼吸置くことができたなら、話の流れを変えられる可能性があります。

感情的になりそうな自分に気づいたら、

「私には、今、どんなアンコンシャス・バイアスがあるのだろうか？」

と考えてみてください。

こんなバイアスはないでしょうか？

「議論がかみ合わない原因は相手にある。私は悪くない」

「部下を相手に、この議論に負けるわけにはいかない」

相手に勝とうとすることに一生懸命になるのではなく、「どうすれば、本論に戻れるだろうか？」「どんな言葉で伝えれば、相手の心に届くだろうか？」と相手の気持ちや、自分が使う言葉を探ることに意識の置きどころを変えることができれば、不毛な争いに終止符を打つことができます。

自分で自分の思い込みに気づくことができるかどうかが、「その後の行動と結果」の大きな分かれ道となるのです。

自分のバイアスに気づき、そのバイアスが周りにどんな影響を与えているのかを自覚することを、本書では「自己認知（Self-awareness）」と表現します。

リーダーにとって「自己認知力」を高めることは、とても大切です。

バイアスに気づく＝周囲への影響を自覚する＝自己認知

自己認知は、「自分のことに気づこうとするかどうか」の心のもちようの問題です。

自分の無意識のバイアスを疑おう～7個の思い込みチェック☑

自己認知力を高めるためには、自分の「確信」を疑うことから始めてみましょう。
あなたには、次のような思い込みはありませんか？

□メンバーにスキを見せてしまうと、なめられてしまうと思う
・ミスがあっても認められず、つい他のことのせいにする
・「私の言うことに間違いはない」といった発言をする

□ものごとは白黒はっきりさせるべきだと思う
・何かトラブルが起きると、真っ先に犯人捜しをする
・結果責任を誰かにとらせようとする

□リーダーの指示に、メンバーは従うべきである
・指示したとおりに動かないメンバーに、イライラする
・「黙って、言うとおりにしろ」「何も考えなくていいから」といった発言をする

□**自分と同じような考え方ができれば、必ず成功すると思う**

・ことあるごとに、過去の栄光を自慢げに話す

・自分のやり方を徹底的に教え込む

□**これまでのやり方で問題が起きていなければ、そのままでいい**

・提言や改善案に対して「今のままでいいよ」と発言してしまう

・「前例がないから」が口癖

□**何ごとも成績で判断するのが一番だと思う**

・「売れないヤツは、何をやらせてもダメ」などの発言をする

・業績さえよければ、多少のことには目をつぶっていいと思う

□**上からの指示には従うべきだ**

・「上からの指示だから」「役員が言っているから」が口癖

私たちがもつ「確信」は非常にやっかいです。
確信めいたものをもてばもつほど、自分の無意識を疑わなくなってしまいます。

「こういうものだ」
「普通はこうだ」
「そう考えることは当たり前だ」

といった確信の裏にこそ、アンコンシャス・バイアスが潜んでいるのです。

自己認知力を高める心のもちよう

「こういうものだ」と確信をもっていることから、まずは疑ってみよう

相手の非言語メッセージを意識する

相手から自分を知る

■メンバーの「不快」に目を向ける5つのポイント

感情はさまざまに変化するものですが、大きく分けると「快」か「不快」かです。

「快」とは、うれしい、心地よい、楽しい、晴れやかなどのポジティブな感情です。「不快」とは、つらい、悲しい、苦しい、残念、不安などのネガティブな感情です。

リーダーはとくに、メンバーの「不快」に目を向けなければいけません。他人の「不快」な感情には、できれば目を向けたくない、直視するのは面倒だと感じるかもしれませんが、人は不快の感情に包まれていると、なかなか前向きになれず、行動が抑制されてしまい、やがてはさまざまな職場の問題へとつながっていきます。

この「不快」は、相手の表情や反応、態度にあらわれます。メンバーに関心をもち、メンバーの表情を気にしているかどうか。たとえば「笑顔」です。メンバーと話をしていて、ふと笑顔が消えたことに気づくことができるかどうか。メンバーに関心がないと、表情の変化、感情の変化に気づくことはできません。

リーダーは、「非言語から感情を読みとろうとする心の姿勢」をもつことが大切です。

メンバーの感情の変化に気づき、「私の言動の何かが、知らず知らずのうちにメンバーの心に大きな影響を及ぼしてしまったようだ」と思えるかどうかに、自己認知力があるかが表れます。

そして、「つい言ってしまった」「やってしまった」と思ったら、挽回です。「もしかしたら、私に何かアンコンシャス・バイアスがあったのかもしれない。いやな思いをさせた気がするんだけれど……」と言葉にして、確認するようにしましょう。

ここで、相手が「大丈夫です」と答えたとしても、目と目を合わせることなく、下を向いて話していたなら、「大丈夫だと口では言っているものの、大丈夫ではないのでは？」と、相手の言葉を鵜呑みにすることなく「違和感は何だったのか？」と自問自答してみましょう。あなたのその姿勢は、きっとメンバーの心にも届くはずです。

非言語メッセージから、メンバーの感情をどうキャッチするか、そのポイントは5つあります。

①相手の「目」を見る

目を伏せたり、目を合わせなくなったり、目が泳いだりする

②相手の「表情」を見る

表情がこわばったり、眉間に皺がよったり、口を強くつぐむ

③相手の「声・話し方」に注意する

声が小さくなったり、語尾が小さくなったりする

④相手の「態度・しぐさ」を見る

腕組みをしたり、うつむいたり、不自然に手が動いたりする

⑤相手の「反応」の変化を見る

返事をしなくなったり、反応が小さくなったりする

相手の表情・態度・反応は、「感情のメッセージ」です。「どこか、何か、違和感がある」と少しでも感じたなら、

「あれ？　今、私が言ったことや、やったことで何か不快になったかな？」

「私のどんな思い込みが、不快にさせたのだろう？」

と、振り返る習慣をつけてください。

自己認知力を高める心のもちよう

メンバーの反応に違和感があったらそのままにせず、自分の思い込みを振り返ってみる

自己認知力を高める❷

アンコンシャス・バイアスを記録してみる

思考のクセを発見する

■言葉にすることで気づきやすくなる

自己認知力を高める方法として次にあげるのが、「アンコンシャス・バイアス」を記録してみることです。

「あれは、私の思い込みだったかも?」と、ふと感じたことを、そのつどメモするようにしてみてください。咄嗟の言動や、感情をメモしていくことで、だんだんとバイアスに気づきやすくなります。

たとえば46ページのようなメモをまずは2週間、手帳やスマホに記録してみましょう。

- 「在宅勤務のBさんは、本当にずっと仕事をしているのかな？　と頭をよぎった」
- 「意見がまとまらない気がして、Cさんをメンバーから外してしまった」
- 「やれる気がしないのに〝できます〟と言ってしまった」
- 「役員に説明するのが面倒だと思い、部下からのアイデアを無視してしまった」
- 「なぜか会議中、イライラしてしまった」

などなど。

メモをとるにあたってのポイントは、次のとおりです。

①気になったことは、とにかくメモする

「なぜか、イライラしてしまった」といったように、原因がはっきりとわからないことでもメモをとることがポイントです。

相手との関係性や、やりとりのなかで、気になったことや感情が揺れ動いたことのどこかに、アンコンシャス・バイアスが潜んでいる可能性があるからです。

②非言語メッセージをよく見る

相手の非言語メッセージをよく見ることを心がけてみてください。コミュニケーションを重ねているうちに、相手の表情や態度に少しでもいつもと違う変化を感じたら、「私の思い込みだった？」とメモをとるようにします。

③鮮度を重視する

時間が経過してから自分のバイアスを思い出すのはとても難しいことです。数分前に話した相手の表情や、終わったばかりの会議のことを思い浮かべて、メモすることを習慣にしてみてください。

④２週間続けてみる

できればまずは2週間、メモをとり続けてください。2週間たったところで、メモを読み返してみると、自分のバイアスの「クセ」のようなものが見えてきます。このクセがわかってくると、だんだん自分のバイアスにも気づきやすくなるでしょう。

自分のバイアスを記録していくことは、自分が周りに与えている影響を知る機会にもなります。

自分の言動が、どれだけ周りに影響を与えているのか、同時に、どういうときにイライラしてしまうのか、どういう言葉にショックを受けるのかなど、自己認知も進みます。

まずは2週間、ぜひ、トライしてみてください。

自己認知力を高める心のもちよう

自分のバイアスを言語化して記録することで、自分のバイアスのクセを知ることができる

気になったことは、
まずメモ！

・電話が億劫だった…。
これも何かのアンコンシャス・バイアス？

・「なんでこんな時間まで電話できなかったの？」
との妻の一言に、イライラ…

・日傘を買いたいと妻に言ったら、
「えっ？　男なのに！？」と言われてショックだった。

2週間分のメモを眺めてみると、「どんなとき」、「どんな人」に自己防衛心が出てしまうのかが次第に見えてきます

2週間の感想・思考のクセ

- なにごとも自分中心に考えてしまう
- 自分のほうが「正しい」と思ってしまう
- 面倒だと決めつけて議論を避けようとする

「アンコンシャス・バイアス」メモ

・「この案件は、まだ難しいよね？」
と聞いた途端に、急に暗い顔に…

非言語メッセージをよく見る

・「また忘れたの？」の一言に、イライラしてしまった

・「この表現、違う気がする」と言われて、
悲しくなった。批判された気がした…

メモは鮮度が大切！
時間がたつと忘れてしまいます

・この2日間は、メモなし。
（何かあった気がするけど、思い出せず…）

・頼まれごとに「いいですよ！」と即答した。
マネージャーからは、「もっと考えてから返事をすべきだ」
と指摘。このやりとりを引きずっている。悶々と…

相手を意のままに操ろうとしない

自己防衛に走らない

■「予想と違う反応」は無意識のバイアスに気づくサイン

あなたには、次のように感じる相手はいますか？

□苦手な相手がいる／いた
□願わくは、一緒に仕事をしたくない相手がいる／いた
□話をしていると、なぜかいつもイライラしてしまう相手がいる／いた

ひとつでもチェックが入った人は、「なぜなのか？」をぜひ考えてみてください。

なぜ、こんな気持ちになってしまうのでしょうか？
そこには、次のようなアンコンシャス・バイアスが影響しているかもしれません。

「思ったとおりに動いてほしい」➡思ったとおりにならなくて、苦手だと感じる
「思ったとおりに反応してほしい」➡思ったとおりにならなくて、イライラする

このように私たちは、無意識のうちに相手に対して「こう言ったら、こう反応してくれるだろう」「こういうときは、こう動いてくれるだろう」などのように、過度な期待や、勝手な理想を抱いていることがあります。もっというと、「相手を意のままにしたい」というアンコンシャス・バイアスが潜んでいることがあります。

ゆえに、自分の予想とは違う反応が返ってきたり、相手が思いどおりに動いてくれなかったりすると、そのことにイライラしたり、苦手だと感じたりしてしまうのです。

次の会話は、ある課長が部下のミスを指摘したときのものです。

「経営にも打撃を与えかねない重大なミスだ。次回からはもっと慎重に確認してほしい」

「すみませんでした。ただ……私も重要なデータだとわかっていました。なので、課長にも最終確認をしていただいたんです。私ひとりが悪いんでしょうか⁉」

「少しは反省しろ！　どれだけ関係部門にお詫びしたと思っているんだ‼」


これは、「上司からの指導は素直に黙って聞くべき」といったアンコンシャス・バイアスが影響していた事例ですが、さらにもうひとつ、勝手な上司の思い込みが大きく影響していました。

この課長は、「部下の反応」を勝手に予想していたそうです。

「申し訳ありませんでした。次回からは十分に気をつけます」との言葉だけだと。

ところが、部下からの返答は実際には違ったのです。

「まさか、『私だけが悪いんですか？』と詰め寄られるとは思ってもみませんでした。面食らうと同時に、羞恥心や防衛心や、とにかくいろいろな感情が渦巻き、気づいたら、カッとなっていました。冷静になって考えてみると、上司に裏切られたと感じた部下は、ショックだったと思いますし、部下の言葉はもっともです」と振り返ります。

無意識がゆえに、なかなか気づきにくいかもしれませんが、コミュニケーションをとりながら、時々は次のようなことを立ち止まって考えてみてください。

「相手を意のままに操ろうとしていないだろうか？」
「思ったとおりに動いてほしいと、過度な期待を相手にしていないだろうか？」
「こう回答してほしいという前提での会話をしていないだろうか？」

自己認知力を高める心のもちよう

「相手を意のままに操ろうとしている自分がいないだろうか？」と立ち止まる

感情を言葉にする

気持ちを落ち着かせる

■一瞬のイラッとした感情をキャッチする

あなたは、どんなときに、感情的になりがちですか？　最近、イライラしたことやカッとなって大きな声を出してしまったことなど、思い出してみてください。

アンコンシャス・バイアスは、自分の快・不快の感情と密接に結びついています。

なかでも、**イライラなどの不快な感情は、「防衛感情」ともいわれていて、「私は正しい」「私は悪くない」というアンコンシャス・バイアスを強め、いったん感情的になってしまうと、自己認知が難しくなってしまいます。**

たとえばリーダーであるあなたが、会議で意見を求めたとします。しかしながら、誰からも発言がなかったら、どんな感情になると思いますか？
こういうときは、「何だ、何の意見もないのか！」と、ムスッとした表情を見せるのではなく、「みんなの考えも聞いてみたいので、意見じゃなくて感想でもいいので発言してもらえるとうれしい」と、感情を言葉にしてメンバーに伝えてみてください。

イライラなどの防衛感情が生まれたときにこそ、「もしかしたら、私のアンコンシャス・バイアスがあるのかも？」と、立ち止まってみる。そして「感情を言葉にすること」をぜひ心がけてみてください。

感情的になっても、そこからは何も始まりません。

自己認知力を高める心のもちよう

イラッとしても、感情的にならず、感情を言葉にしてみる

自己認知力を高める❺

目的に立ち戻る

長期的な課題に対処する

■目先のことに囚われすぎない

目先のことに囚われてしまうと、別の新たな課題を生んでしまうことがあります。

たとえば、メンバーのミスを気にするあまり、仕事を最後まで任せることができず、あれやこれやと日々、細かな指示を出し、チェックをしてしまったとします。

すると、どうなると思いますか？

やがてメンバーは思考停止に。自分で考えて行動することをしなくなるため、何年たっても成長しない。何年たっても仕事を任せることができない。結果として、リーダーの仕事は増える一方という、新たな課題を生んでしまいます。

「目先に囚われること」もアンコンシャス・バイアスです。
長期的な視点を忘れ、目先の結果だけを気にしてしまうことの奥には、「メンバーに任せてしまったら、失敗するかもしれない」「メンバーが失敗したら、自分の評価も下がってしまう」といった自己防衛心が潜んでいる可能性があります。

目先のことに囚われないためにも、「この仕事は誰のため？　何のため？」という問いを忘れないことが大切です。

自己認知力を高める心のもちよう

「この仕事は誰のため？　何のため？」を問うようにする

バイアスがあらわれやすい言動をやめる

CHAPTER 2

Unconscious Bias

CHAPTER 2

アンコンシャス・バイアスは「2つの言動」にあらわれる

——「決めつけ」と「押しつけ」

■人は無意識に決めつけたり、押しつけたりしている

アンコンシャス・バイアスは「無意識」なので、なかなか自分では気づきにくいものです。しかし、「こういう言動のときにこそ、バイアスがあらわれやすい」という状況があります。

それは、「自己防衛心」から、自分の都合を優先したり、自分の要望を叶えようとするときです。そういうときに、人は知らず知らずのうちに、つい「決めつける」「押しつける」といった言動をとってしまいます。

ここからは、ある家庭での「父親と息子」の会話です。息子さんと同じ年齢のスポーツ選手がオリンピックを目指してがんばっているというニュースを見ていたときのエピソードです。

「あの選手はすごいな～。お前と同い年か。それに比べてお前は勉強もしないし、ダメなヤツだな。少しは見習ったらどうだ？」

「関係ないじゃん。別に僕、オリンピックなんか目指してないし」

「そうやって文句を言えるのは、がんばっている人だけだぞ。お前に、そんなことを言う資格はないぞ」

「お父さんだって、テレビばっかり見てるじゃん」

「俺はいいんだよ、もう大人なんだし」

「お父さんって何歳？」

「43歳だよ」

「ふーん。ケネディ大統領って43歳で大統領になったらしいね。それに比べてお父さんって、どうなの？」

「関係ないだろ！　早く寝ろ！」

会話が進むにつれて、お互いの「不快感情」が呼応し合っています。

父親は息子に「勉強もしないダメなヤツ」という「決めつけ」をし、「少しは見習ったらどうだ」と「押しつけ」をしています。

息子のほうも「お父さんだって」という反論をし、「お父さんって、どうなの？」と暗に（お父さんもダメだよね）という「決めつけ」をしています。

お互いに「決めつけ」「押しつけ」の２つの言動が見られます。

これらの言動は、

「父親としての私の発言は正しい。悪いのは息子」

「これぐらい言う権利は父親の自分にはある、当然の発言だ」

「僕は間違っていない、間違っているのはお父さん」

といったアンコンシャス・バイアスから生まれています。

これは組織でも同じです。

無意識に決めつけたり押しつけたりしている

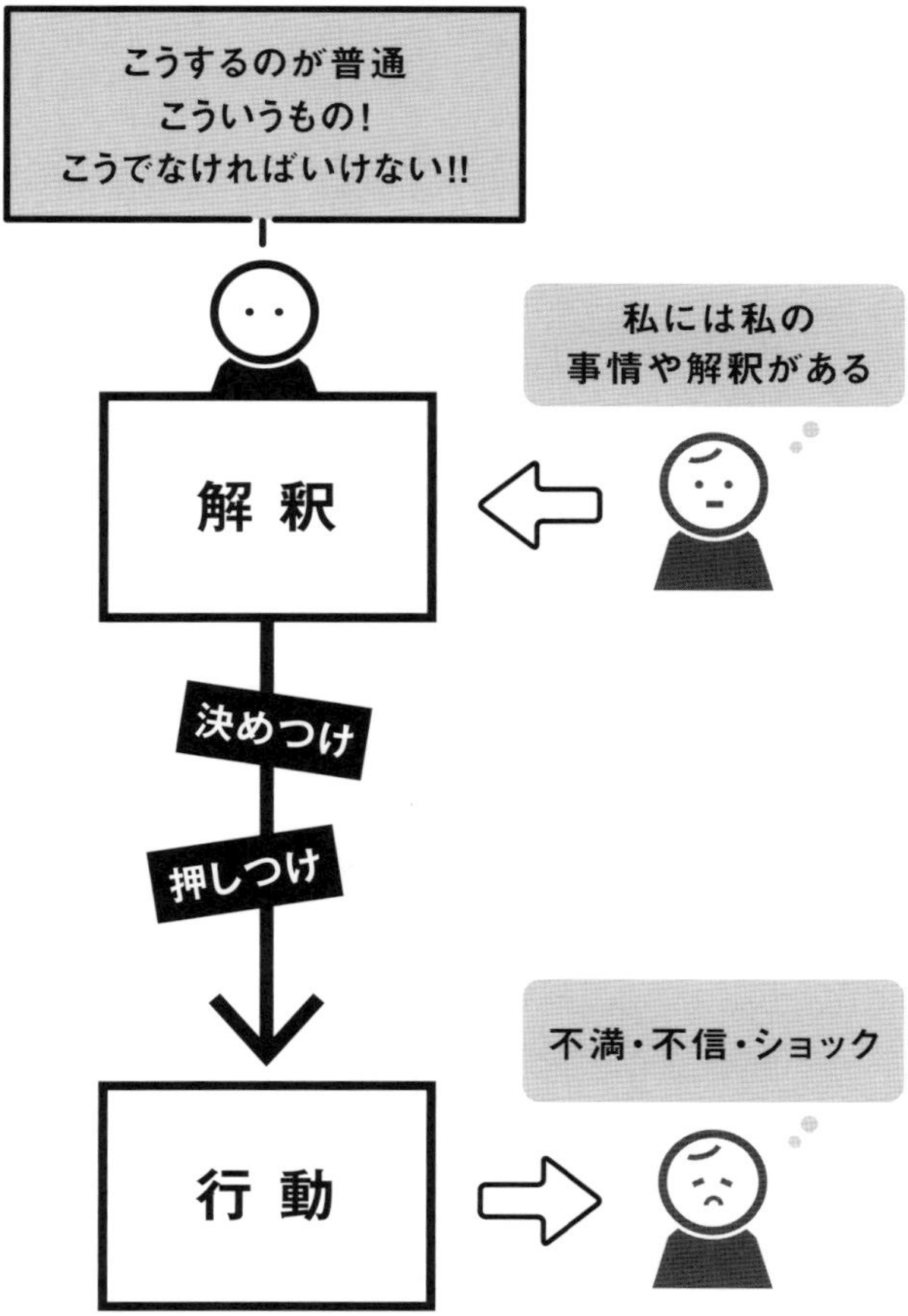

「メンバーよりも、リーダーである自分のほうが常に正しい」
「メンバーよりも経験があるから、リーダーである自分の判断に間違いはない」
「メンバーよりもリーダーが偉い」

このようなアンコンシャス・バイアスをもっていればいるほど、「決めつけ」や「押しつけ」の言動が出やすくなります。

メンバーは「決めつけられた」「押しつけられた」と感じると、自己防衛心をどんどん強めていきます。やがてモチベーションが下がり、リーダーへの不信や不満が募るなど、いつの間にか、リーダーとメンバーとの間に距離ができてしまう。

場合によっては、**「このリーダーには何も言わないほうがいい。とにかく言われたとおりにするのが平和だ」という、メンバーの思い込みをも引き起こしかねません。**

さて、ここで質問です。あなたはメンバーに対して、左ページのようなことを思ったり、言ったりした経験はありませんか？

□「難しいことは何も言ってないと思うんだけど!?」
□「まさか、こんなことも知らないの？」
□「こんなところから、説明しないといけないの？」
□「このぐらい、当たり前では？」
□「普通に考えたら……」
□「だいたい、こういうものだろう」
□「それぐらい、いちいち言わなくてもわかるだろう？」
□「それは、キミが考えるべきことだ」
□「前例がないからな……」
□「そんなはずはない、何かの間違いだろう」
□「キミの意見はあとにしてくれるかな？」
□「これが私のやり方だ」
□「いいから言ったとおりにしてくれ」
□「私が間違っているとでも言うのか？」

いかがでしたか？

もしも、ここでたくさんチェックがついたとしても、まったく問題ありません。

こうした言動に潜むアンコンシャス・バイアスに、

「気づくかどうか」

「気づけるかどうか」

「気づこうとする意識があるかどうか」

が何よりも大切なことだからです。


ひとつもあてはまらなかったという人も、いるかもしれません。

そういった人は、ぜひ、「ここには書いていないけど、そういえば私には別のこんなバイアスがあるかもしれないなぁ」と考えてみたり、「メンバーや上司、家族や友人に、こういうバイアスをもっている人がいるかもしれないということか……」と、ぜひ問い続けてほしいと思います。


「私は大丈夫」「私は問題ない」と思ってしまったら、そこで終わり。

そうなると、私たちはいつまでたっても、自分のバイアスや心のクセに気がつかない裸の王様になってしまいます。

ところで私たちはなぜ、無意識のうちにこうした言動を繰り返してしまうのでしょうか。

次項からは、具体的な事例をもとに、紐解いていきましょう。

決めつけの言動❶

普通そうだろう

価値観の決めつけ

■自分の価値観からいったん離れて、相手の価値観に歩み寄る

育児休業中のPさんは、来月からの職場復帰を楽しみにしていました。そんなある日、上司のC課長から携帯にこんなメールが届きました。
あなたは、このC課長からのメールに何を感じますか？

「来月からいよいよ復帰だね。ところで復帰先は総務部になりましたよ！
子育てしながら、営業での仕事復帰は大変だと思ってね。
詳しいことは、また総務部の課長から連絡を入れてもらうようにしますね！」

Ｐさんは課長からのメールに落ち込み、悲しい気持ちになったといいます。というのも、Ｐさんは営業部以外の部署に復帰することなど想像したこともなく、お客様対応のために、突発の残業や出張もあるかもしれないけれど、そうなっても大丈夫なように家族と相談しながら復帰準備を進めていたからです。

入社以来、営業ひとすじ。成績もいつも良かった。上司はきっと私の復帰を待ち望んでくれている、そう思っていたといいます。

しかしながら、Ｃ課長の意識の置きどころが違ったのです。Ｃ課長には、どのようなアンコンシャス・バイアスがあったのでしょうか。

Ｃ課長には「子育てしながら、営業職での復帰は難しい」「Ｐさん本人も、営業に戻ることは望んでいないだろう」「今回、総務へ異動できることを、Ｐさんはすごく喜ぶだろうな」という思い込みがあったそうです。

「自分の考えは正しい」「良かれと思って」と思い込んで行動してしまったことが、結果としては、Ｐさんに悲しい思いをさせてしまったのです。

リーダーが、「良かれと思って判断したこと」や「良かれと思っての言動」「メンバーの気持ちをおもんぱかっての配慮」が、逆に思いもよらないこととして、メンバーを悲しませ、メンバーのモチベーションを大きく下げてしまうことがあるのです。

また「似たような過去事例に照らし合わせて」、という判断も危険です。メンバーの気持ちやメンバーの事情は、その時々、一人ひとり違います。

今回のケースでいくと、C課長は「過去に育児休業から復帰する社員全員から、「営業には戻りたくない。小さな子供がいるので、スタッフ部門に異動して復帰したい」と言われてきたそうです。この経験からPさんも同じだろうと決めつけてしまったとのこと。

このように、「過去の似たようなケース」に照らし合わせて判断してしまいがちですが、

「一人ひとり、その時々により、メンバーの考えも事情も違う」

ということを、常にリーダーには意識してほしいと思います。

価値観の決めつけ

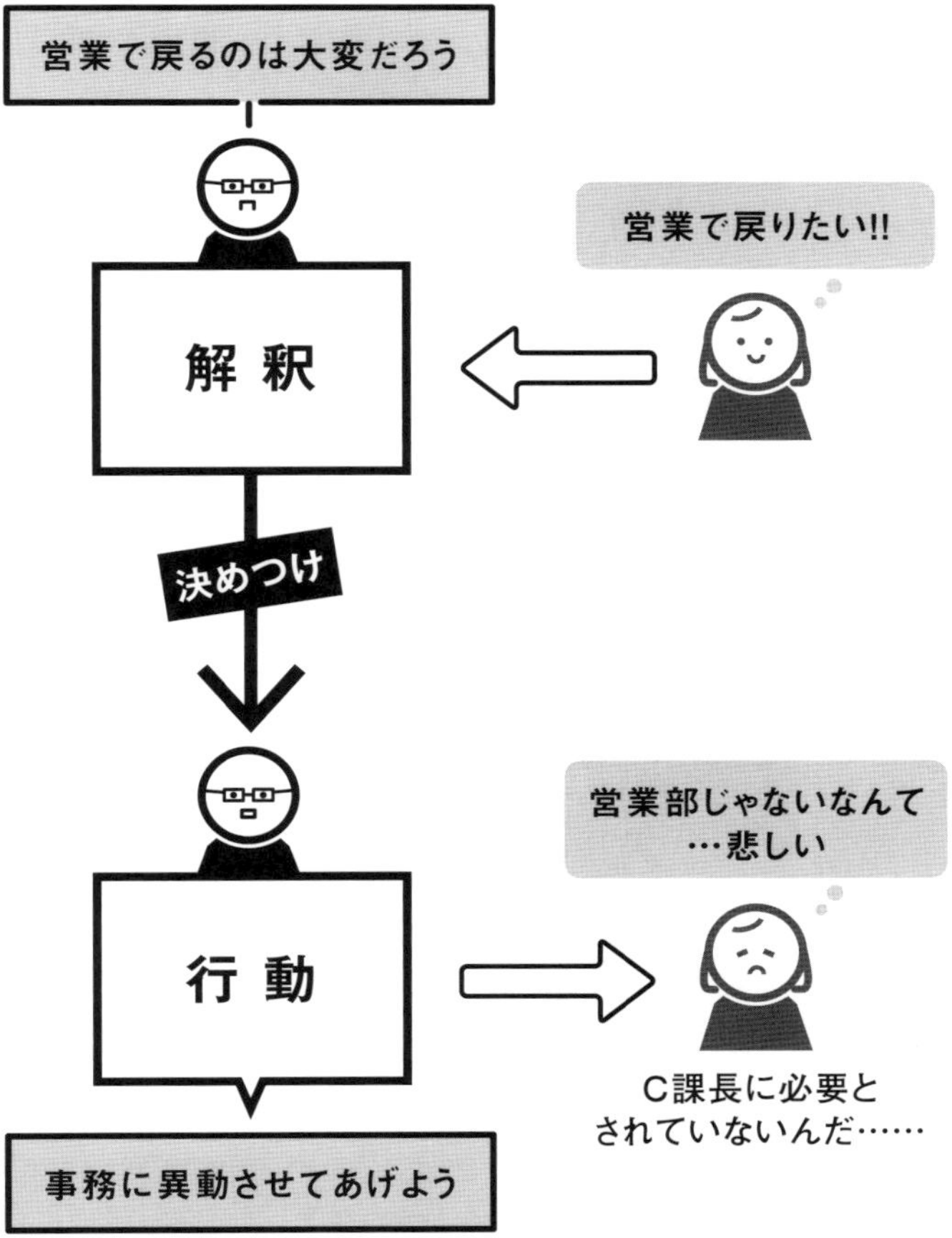
営業で戻るのは大変だろう
営業で戻りたい!!
解 釈
決めつけ
行 動
営業部じゃないなんて
…悲しい
C課長に必要と
されていないんだ……
事務に異動させてあげよう

C課長のような「普通はそうだろう」「たいてい、そうだろう」というのは、価値観の決めつけです。

実は**職場では、「誰に何を任せようか」といった采配場面やアサイン場面に、「普通はそうだろう」という、アンコンシャス・バイアスが潜んでいます。**

実際のケースをいくつかご紹介しておきます。

事例①
これまで、得意先企業であるA社には、長年、男性営業をアサインしてきた。

⬇この上司には、「得意先企業を女性に任せるのは（根拠はないものの）不安だ」「お客様側も、女性営業が担当するのをいやがるだろう」といったアンコンシャス・バイアスがあったといいます。

・任せたこともないうちから、無理だと決めつけていることはありませんか？

・任せる案件を、性別で決めつけていることはありませんか？

事例②
介護休暇の申請があがってきたから、次の異動で支店長からはずしてあげよう。

⬇この上司には、「介護をしながら、支店長職を全うすることはできない」「このままだとこの支店の業績は落ちる」「支店長からはずしてあげたほうが本人も肩の荷がおりる」といったアンコンシャス・バイアスがあったといいます。

・本人に確認することなく、憶測でものごとを決めつけていることはありませんか？
・業績への不安など、自己防衛心による都合のいい、勝手な解釈をしていませんか？
・その人事異動は、本当に本人のためでしょうか？

事例③

Bさんのご主人の海外赴任が決まったとのこと。まだ新婚。Bさんも近いうちにきっとついていくだろうから、長期プロジェクトからは、はずしておいてあげよう。

⬇この上司には、「女性は夫の転勤についていくもの（新婚ならなおさらだ）」「もしも長期プロジェクトを任されたらBさんも重荷になるはずだ」「途中でプロジェクトからはずれるとなると引き継ぎが面倒だ」といったアンコンシャス・バイアスがあったといいます。

・メンバーとキャリアビジョンの対話をしていますか？（常にアップデートしていますか？）
・夫婦のあり方も十人十色、人それぞれであることを前提としていますか？
・一人ひとりの価値観を大切にしていますか？　一人ひとりを見ようとしていますか？
・過去の誰かと照らし合わせて、判断をしていませんか？

事例④
子どもが小さいCさん（女性）には、出張がある大型案件の打診はやめておこう。

➡この上司には、「子どもが小さい女性社員にとっては、出張は避けたいものである」「大型案件を任される喜びよりも、出張免除のほうが喜ばれるものだ（モチベーションが落ちるはずがない）」「子どもの発熱で、急に出張ができないという事態もあるはずだ」といったアンコンシャス・バイアスがあったといいます。

・子どもが小さい女性社員を、ひとつのカテゴリー、ひとくくりで見ていませんか？
・本人に確認することなく、勝手に部下のモチベーションを決めつけていませんか？
・一人ひとりの活躍を願っていますか？　一人ひとりと向き合っていますか？
・急なお休みなどがあったら、サポートに入らなければいけないから面倒だ、困るといった自己防衛心が先立っていませんか？

事例⑤

業績もよく、人望もあるE係長（男性）を、課長への昇格者として推薦しようと思っていたけれど、育児休業の申請があがってきたからやめることにした。

⬇この上司には、「男性が育児休業を申請するということは、昇格に興味がないに決まっている」「男のくせに」といったアンコンシャス・バイアスがあったといいます。

・「男のくせに」など、自分の価値基準で判断していませんか？

・昇格や評価にあたって、何を見ていますか？　それ以外の関係のない要素に左右されていませんか？

これらはリーダーにとっては、いずれも「普通はそうだろう」「良かれと思って」という気持ちからくる言動ですが、メンバーにとっては、「決めつけ」であることが、ままあります。

決めつけは、場合によっては、

「私は期待されていない」

「私は必要とされていない」

「私はいる意味がない」

といった思考につながり、知らず知らずのうちにメンバーのやる気を損ねてしまうため、十分に注意が必要です。


一人ひとりと向き合うこと。

一人ひとり、その時々に向き合うことが大切です。


「価値観の決めつけ」をしない心のもちよう

- メンバーの判断を、まずは受け入れようとしてみる
- メンバーの価値基準を優先してみる

決めつけの言動❷

そんなことできっこない

能力の決めつけ

■違いを受け入れる心もちが大切

あるカメラメーカーの開発部門に所属するD課長は、新商品のコンセプトについて頭を悩ませていました。ある日の開発会議でのこと。半年前に異業種から転職してきたメンバーのKさんから提案を受けました。そのときの会話です。

「新商品のコンセプトについていろいろ考えてみたのですが、機能向上を目指すのではなく、思いっきり機能をそぎ落として、シンプルにするというのはどうでしょう?」

「シンプルってどういうこと?」

「たとえば、ボタンがひとつしかないとか、明るい場所での撮影のみに対応するとか」

「そんなの、売れないからダメだな」

「斬新なコンセプトだと思うんですけど……。検討だけでもさせてもらえませんか？」

「いや。できっこないとわかっているアイデアに、マーケティング部を巻き込むわけにはいかないから。もっと、現実的なアイデアを出してくれないかな。第一、役員会、絶対、通らないから。キミはまだうちにきて半年しかたっていないからわからないのも仕方ないけどね」


D課長には、どんなアンコンシャス・バイアスがあったと思いますか？

D課長は、これまでの長年にわたる「開発経験」「成功体験」「役員会でのプレゼン経験」などが頭をかけめぐり、Kさんの話をよく聞くこともなく、「売れない」「通らない」と決めつけてしまいました。

また、「キミはまだうちにきて半年」という言葉にもあらわれているように、異業種から転職してきた経験少ないメンバーには、いいアイデアは出せないというアンコンシャス・バイアスがあったといいます。

Kさんは、「新しいものの見方を期待されての採用である」と思っていただけに、そうではなかったのかと、ショックを受けたそうです。

果たして、このようなリーダーのもとで、イノベーションは起きるでしょうか？

アンコンシャス・バイアスによる「決めつけ」や「押しつけ」が、こうした新たな視点を排除し、イノベーションの目をつんでしまっています。

たしかに経験がものをいうときもあるでしょう。しかし、「新しいものの見方」や「新しいアイデア」を受け入れるにあたっては、過去の経験がしがらみとなる可能性もあります。「できない」「無理」とすぐに真っ向から否定するのではなく、違いを受け入れる心のもちようが大切です。

「能力の決めつけ」をしない心のもちよう

- 「できない」と否定せず「できることはないか」と考えてみる
- 自分も含めて、メンバー一人ひとりの考え方やものの見方には違いがあっていい

能力の決めつけ

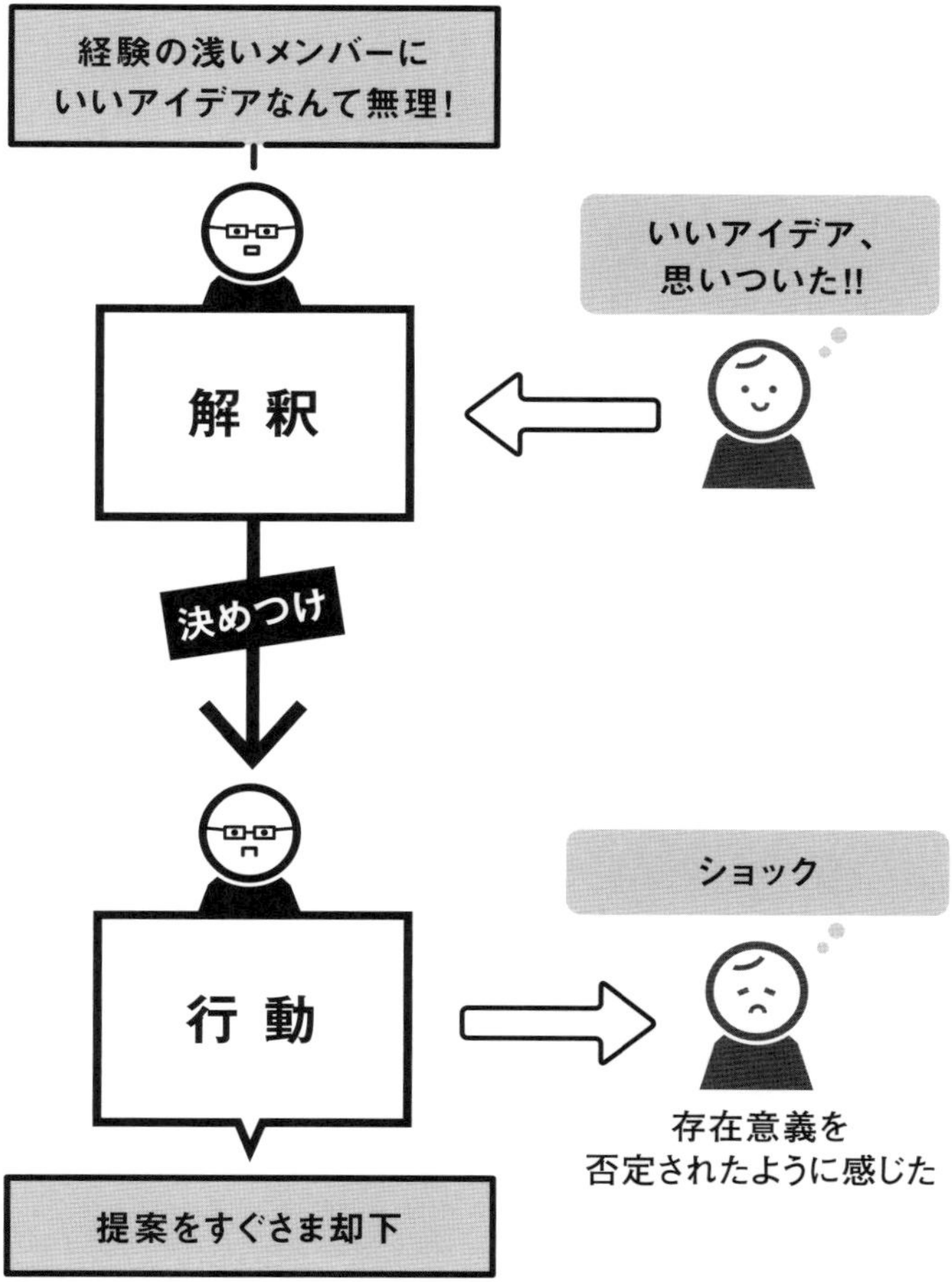
経験の浅いメンバーに
いいアイデアなんて無理!
いいアイデア、
思いついた!!
解 釈
決めつけ
行 動
ショック
存在意義を
否定されたように感じた
提案をすぐさま却下

押しつけの言動❶

つべこべ言うな

解釈の押しつけ

■目的に立ち戻って「こうしてもらいたい」と提案型で話す

営業のQさんは、クレーム対応のため、朝から急遽、お客様先に直行していました。支店長のEさんはそのことを、他のメンバーから聞いていたのですが、どういったクレームかがわからず、心配しながら報告を待っていました。

次の会話は、夕方、外出先から戻ってきたQさんと支店長のものです。

「何があったんだ？　大丈夫だった？」

「ありがとうございます。手配商品にミスがあったんです。あとで報告します！」

「あのなー。あとでって。だいたい、なんで中間報告の電話がないんだよ」

「あ、すみません。ただ、支店長がいつも、プロセスはいいから、結果を報告するようにと言っていたので、対応がすべて終わってから報告しようと思っていたんです」

「つべこべ言うな。俺の指示が悪いってお前は言いたいの？　まったく、ケースバイケースもわからないのか？　そんなんだから、クレームが起きるんだよ！」

支店長は、大声で怒鳴りつけ、Qさんは暗い表情で席に戻りました。


支店長にはどんなアンコンシャス・バイアスがあったと思いますか？

支店長には、「クレームが起きたときは、随時、状況報告をすべきであり、そんなことは言わなくても、報・連・相は常識」という思い込みがありました。また、部下のQさんの発言が、「報告しなかった原因は、上司の指示が悪いからだ」という口答えに聞こえてしまったがゆえに、つい感情的になってしまったとのこと。

あとから冷静に振り返ってみると、Qさんはただ、「なぜクレーム対応の報告をしなかったのか」という理由を説明してくれていただけだったのに……と。

会話の始まりは穏やかでした。「クレーム対応の結果は大丈夫だったんだろうか？」

という上司としての心配から始まりました。

「何かサポートできることはないだろうか？」という気持ちから声をかけたつもりが、部下とのやりとりを重ねるうちに、やがて支店長のアンコンシャス・バイアスにより、「解釈」のズレが生じ、最後は感情的になってしまったというわけです。

「これまで、結果報告だけでいいと伝えてきたものの、トラブル時には、随時、報・連・相をお願いしたい」と冷静に伝えることができたなら、結果は違ったでしょう。

感情的になりそうな自分を感じたときには、ぜひ、まずはひと呼吸おいて、目的に立ち戻ってみてください。解釈のズレを争っても意味がありません。

「解釈の押しつけ」をしない心のもちよう

- 上司の解釈を押しつけるのではなく「どうすればうまくいくか」を考えてみる
- お互いの解釈は違うもの、だから本来の目的に立ち戻ってみる

解釈の押しつけ

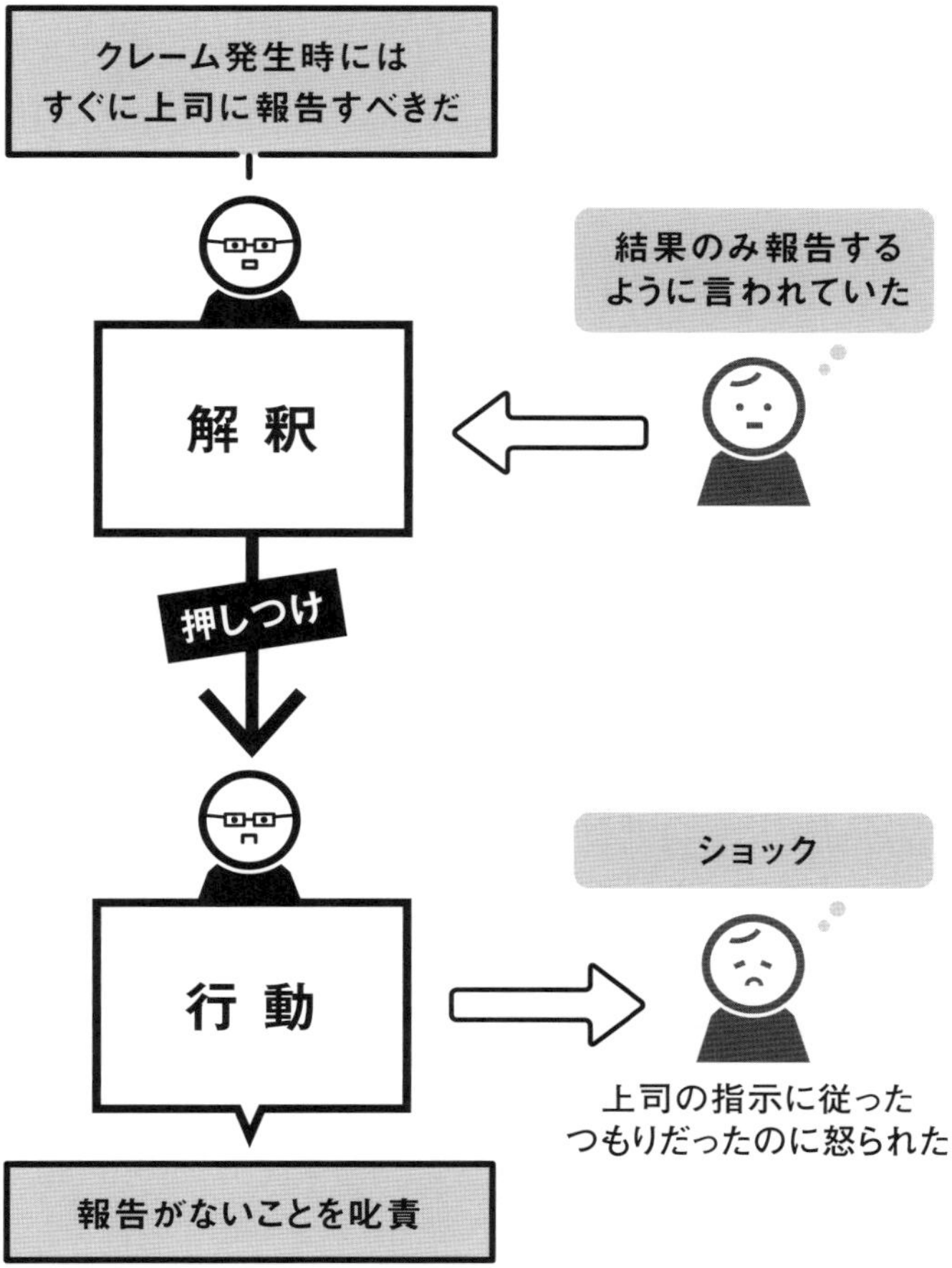
クレーム発生時には
すぐに上司に報告すべきだ
結果のみ報告する
ように言われていた
解 釈
押しつけ
行 動
ショック
上司の指示に従った
つもりだったのに怒られた
報告がないことを叱責

押しつけの言動❷

これくらいできて当然

▼

理想の押しつけ

■メンバーもいろいろ、人それぞれ

企画部門のリーダーBさんは、プロジェクトをいくつも抱え、多忙を極めていました。あまりの忙しさに限界を感じたBさんは、自分の仕事の一部を、メンバーのUさんに任せることにしました。Uさんは快く引き受けてくれました。

仕事を任せてから数日たったある日。Uさんに仕事の進捗を確認したところ、思ったように進んでいないことが判明。

リーダーのBさんはUさんに、こう話しかけました。2人の会話です。

「まだ、できていないの？」
「すみません」
「なんで？　なんで、こんなに時間がかかっているのかな？」
「すみません」
「簡単な仕事しかお願いしていないと思うんだけど？」
「……」

任せた仕事が思うように進捗していないことにイライラし、Bさんはどんどん言葉を重ねていってしまったといいます。

リーダーのBさんには、どんなアンコンシャス・バイアスがあったのでしょうか。

Bさんは、「とても簡単な仕事」だから、自分と同じようにUさんにもすぐにこの仕事ができるはずという思い込みがあったそうです。

さらには、「簡単な仕事なのに、まだできていないということは、サボっていたのでは？」と、勝手に妄想してイライラしてしまったとのこと。

実は、この**「理想の押しつけ」は、相手も自分と同じように完璧にやれるものとい**

うアンコンシャス・バイアスが影響しています。

Uさんが後日、気持ちを教えてくれました。

「はじめは、リーダーの期待どおりの成果が出せず、申し訳ないと思っていました。ただ、リーダーの助けになればと手伝っていたのに、なんで私が怒られなきゃいけないんだろう？」と、リーダーへの不満や不信の感情がわき出てきたそうです。

自分ができることだからといって、誰もが「同じようにできる」とは限りません。

自分の理想を押しつけてしまうことで信頼関係が崩れ、メンバーのモチベーションが下がってしまうこともあるのです。

「理想の押しつけ」をしない心のもちよう

・自分も含めて、メンバーはみんな完璧ではない、失敗していい

・自分とメンバー、そしてメンバーもそれぞれ、同じようにできなくていい

理想の押しつけ

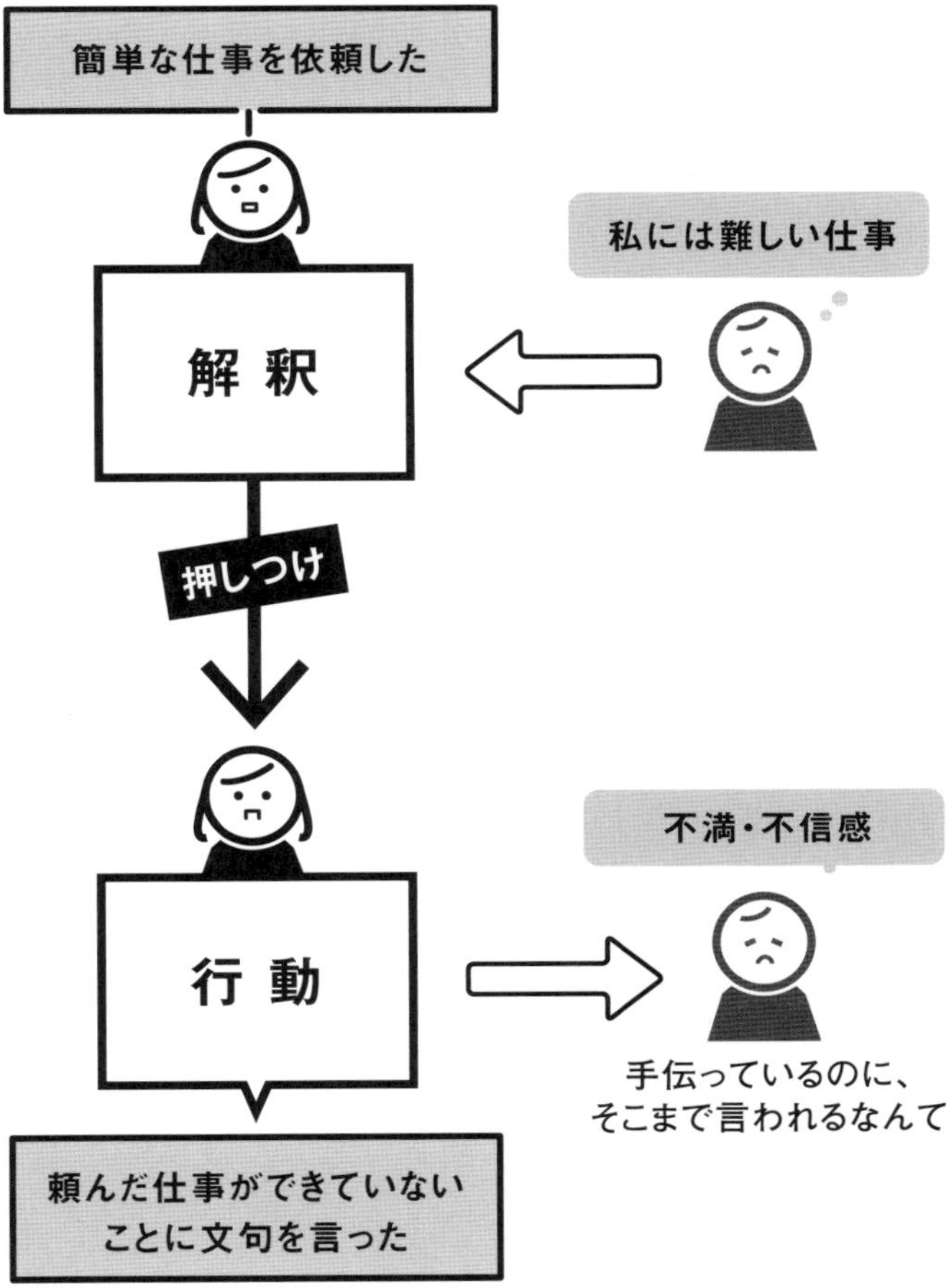
簡単な仕事を依頼した
私には難しい仕事
解 釈
押しつけ
行 動
不満・不信感
手伝っているのに、
そこまで言われるなんて
頼んだ仕事ができていない
ことに文句を言った

意識の置きどころを変える

CHAPTER 3

Unconscious Bias

CHAPTER 3

対処の基本は「意識化」すること

■「意識化」からすべてが始まる

まずは、左ページの絵を見てください。
ひとつだけ違う表情の絵文字が交ざっています。見つけるまでに、何分何秒かかるか計測してみてください。

見つかりましたか？　どのくらいの時間を要したでしょうか？
見つかった人は、もう一度この絵を見てください。
違う表情の絵文字を今度は何秒で見つけられるでしょうか？

ひとつだけ表情の違う絵文字

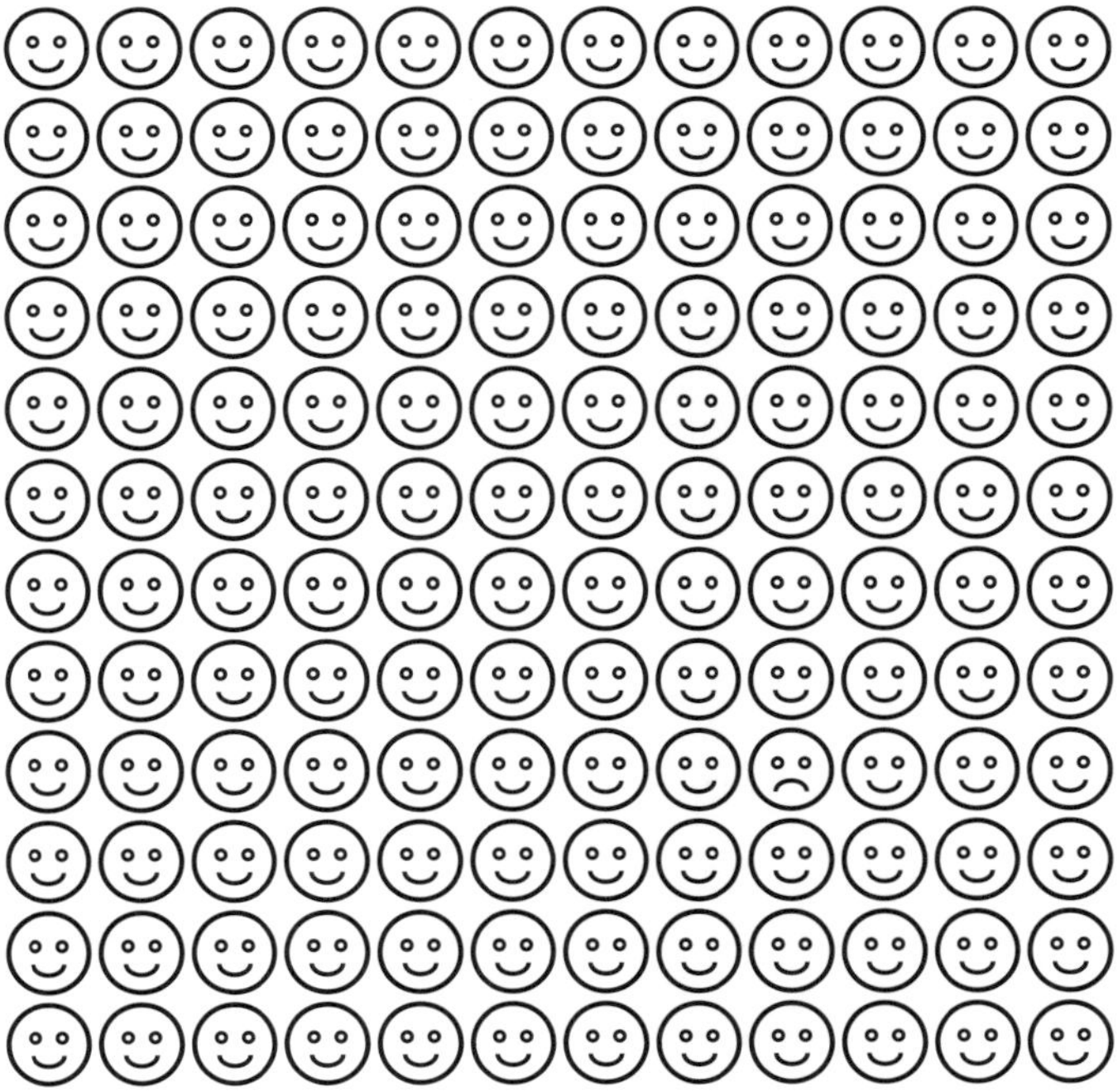

いかがでしたか？

はじめは、1分や30秒など、ある程度の時間を要したと思いますが、2度めはあっという間に、気づくことができたのではないでしょうか。

アンコンシャス・バイアスに気づくということは、実はこのことと似ています。

はじめは「無意識」がゆえに気づきにくく、気づくことの難しさを感じるかもしれませんが、一度気づくことができれば、次第に無意識を意識化することができるようになっていきます。


無数にあるアンコンシャス・バイアスに対処する第一歩は、「意識化すること」。


「これって、私のアンコンシャス・バイアス？」

と、意識して気づこうとすること。

「これって、私のアンコンシャス・バイアスかもしれない……」

ここから、ぜひ始めてみてください。

ある営業部門のH課長は、毎週月曜日に定例ミーティングを行っていました。課全体の成績もよく、チームの雰囲気も明るいため、会社でも有名なモデルチームとして、事例展開されているほどでした。

この営業課に、２人の新入社員が配属されました。ひとりは順調に営業成績を伸ばしていましたが、もうひとりのI君は半年たっても、どうにもこうにも営業成績が伸びないのです。


やがてI君は、定例ミーティングで、同じ言葉を口にするようになりました。

「先週も未達でした。申し訳ありません！　今週は、必ずがんばります！」

「よし、今週こそはがんばれよ！」

と、H課長はそのたびにエールを送り続けました。

ただあまりにも毎週のように同じことが繰り返されるので、H課長はあるとき、あえて厳しく、みんなの前でこう言い放ちました。

「もう〝がんばります〟は聞き飽きた。同期を見てみろ。キミは本当にがんばっているのか？　やる気があるのか？　先輩たちが、キミの予算をカバーしていることをわかっているのか？」

やがて1カ月が過ぎたあたりから、このチームの雰囲気が悪くなっていきました。それまでの定例ミーティングでは、メンバー同士で情報を共有したり、助け合う姿が見られましたが、あきらかにメンバーの口数が減り、笑顔がなくなり、コミュニケーションの量が減っていったといいます。

その異変を感じたころから、この営業課の業績が下降の一途をたどるようになってしまったのです。

実は、「成績の悪いメンバーを全員の前で叱責したこと」がきっかけとなり、チームの雰囲気が悪くなり、一人ひとりの言動が次第に変わっていきました。

「明日は我が身。ああはなりたくない……」と、それぞれが保身に走るようになり、お互いに協力し合うことを避けるようになり始めました。

お互いに情報を閉じてしまって、自分のことだけしか考えない集団に変わっていってしまったのです。

結果的に、課全体の成績が悪くなっていきました。

この話には、後日談があります。

H課長は、あることをきっかけに、「アンコンシャス・バイアス」という概念に出会います。そして、自分自身を振り返ってみると、いろいろなアンコンシャス・バイアスをもっていたことに気づいたのです。

「みんなの前で叱咤激励をすれば、I君もきっと本気になるはずだ。もっと売れるようになるはずだ」

ところが後日、課長がI君に同行してわかったことがあります。

それは、I君は本気になっていなかったわけでも、やる気がなかったわけでもないということ。

営業の基本である「ヒヤリングスキルのコツ」を知らなかった、そのことが原因だったのです。

また、H課長は次のようなバイアスをもっていたことにも気づきました。

「業績が悪いメンバーを叱責しないと、業績が良いメンバーの不満がたまる」

しかし、実際には、この営業課に所属するメンバーたちは、成績が悪くても、個人攻撃がされないことで、安心して仕事ができていたといいます。

支え合うことを大切にしているチームであること――H課長のチーム運営を、みんなが誇りに思っていたのです。


H課長は、自分のアンコンシャス・バイアスに気づき、「良かれと思っての言動のすべて」が、裏目に出ていたことを知り、ハッとしたといいます。


ここでH課長が素晴らしかったのは、ある日の定例ミーティングで、アンコンシャス・バイアスについて語り、その上で、

「こんなアンコンシャス・バイアスを私はもっていた」

と、メンバーの前で自己開示をしたことです。

「チームの雰囲気」や「メンバーの表情や言動」に違和感を抱いたら、自分の直近の言動を振り返ってみてください。

きっと、何かがそこにはあるはずです。

まずは、自分のなかにあるアンコンシャス・バイアスを意識化することから始めてみてください。

意識化❶

言われた相手の「心のあと味」に目を向ける

■「どう感じるか」は相手次第

あなたは次のように言われたら、どう感じますか？

「真面目な人ですね！」

うれしいと感じましたか？
あまりうれしくないと思いましたか？
実はこの「真面目な人ですね」という言葉は、人によって印象が大きく異なります。

「うれしい」と思う人もいますが、「つまんない人だと言われているようでショック」という人もいます。「時と場合によります」と回答する人もいれば、「仕事を一緒にしているメンバーに言われるとうれしい気もするけれど、友達には絶対に言われたくないセリフ」という人もいます。


同じ言葉でも、人によって、ここまで印象が異なるのです。

言葉そのものに、良い・悪いがあるわけではありません。

この言葉を受け取った人の「過去の経験」や「価値観」などから、同じ言葉でも、印象が大きく違ってくるのです。

□「真面目な人ですね」という言葉は相手にとってうれしい言葉だと思う
□「真面目な人ですね」という言葉は相手にとってショックな言葉だと思う

これらはいずれも、「アンコンシャス・バイアス」になりえるのです。

もうひとつ、質問です。

「実際の年齢よりも若く見えますね！」

あなたはこう言われて、「うれしい」と感じますか？

「ショック」と感じますか？

この言葉も、人によって、立場によって、国によっても印象が大きく異なります。「若く見てもらえたとは、なんてうれしいことだ！」と思う人もいますが、「若く見られたなんて、ショック」「若く見えただなんて、失礼だ！」という人もいます。

「若く思われることは、とても素晴らしいことである」という価値観をもっている人は、素直に喜ぶでしょう。一方で、「年齢を重ねることは素晴らしいこと。年下に見られることは、嘆かわしいことだ」という価値観をもっている人は、不快に感じるでしょう。

意識しなければならないのは、相手が必ずしも自分と同じ価値観や、同じものの見方をしているとは限らないということです。

相手に対して、良かれと思って伝えた言葉が、どう受け止められるのかは、相手次第。すべては、「相手がどう感じたか？」という「心のあと味（快・不快）」にあらわれます。そして、この心のあと味は、人によって、その時々によって異なるから難しいのです。

意識化における心のもちよう

「何が相手を不快にするのか？」「一人ひとり、とらえ方が違う」ということに意識を置くことは最低限の配慮

意識化❷

「なぜ?」ではなく「何が大切?」と未来に向けた質問をする

■原因の決めつけは思い込みにつながる

無意識のバイアスで陥りがちなこととして、「原因の決めつけ」があります。問題やトラブルが発生したときに、その原因を「何か」に決めつけてしまうなどです。

たとえば、業績が上がらない理由を、「メンバーのせい」「経営者のせい」「商品のせい」「評価制度のせい」「景気のせい」といったように、とにかく誰かの、何かのせいにするといったようなことです。

「きっとこうに違いない」と、自分以外の何かに原因を求めることは、アンコンシャ

ス・バイアスの正体である「自己防衛心」によるものです。

商品開発がうまくいかず、頭を悩ませているあるリーダーの話です。
そのリーダーは、開発がうまくいかない原因を、考えれば考えるほど、「メンバーのやる気や能力に問題があるに違いない」と、思い込むようになっていました。

そんなある日、担当役員から計画どおりに進んでいないことへの指摘を受けました。
すぐさまリーダーは関係者全員を集め、ミーティングを開き、こう伝えました。
「今日、役員から計画どおりに進んでいないとの指摘を受けた。
これまで、キミたちを信頼して任せてきたが、本当に大丈夫なのか？」

まるで、責任はメンバーにあるといったことを思わせるような発言に、やる気を失うメンバー、ストレスを感じるメンバー、責任を押しつけられていることへの反発心からイライラするメンバーが出てきました。

リーダーの無意識の思い込みが、メンバーを不快にした顕著な例です。

こうならないためには、どうすればよかったのでしょうか？

ひとつのヒントとして、問題解決を建設的に進めていくための「問い」をご紹介します。

それは、「なぜ？」をあえて使わないという方法です。


「なぜ、この問題が起きているのか？」

ではなく、

「何が大切なのか？」

「どうしていこうか？」

と、未来に意識を向けると、出てくる答えが変わります。

先ほどのケースであれば、
商品開発が計画どおりに進まないのは、「なぜか？」ではなく、
商品開発が計画どおりに進むためには、「何が大切か？」と、問いかけるのです。

商品開発チームの場合は、「もっと、コミュニケーションをとることが大切」「失敗をおそれずに、挑戦してみることが大切」「どんなアイデアも、はじめから否定しないことが大切」などなど。この未来に向けた問いが問題解決への導きとなるでしょう。

「なぜ?」に目を向けすぎると、どうにもならない過去に対する粗探しをしてしまったり、出口が見えなくなったり、犯人探しをしてしまうことに時間の多くを使ってしまうことがあります。

議論に行き詰まったなら、「何が大切か?」「どうすればよいか?」と「未来」に目を向けてみてください。

意識化における心のもちよう
過去ではなく、未来に向けた問いを意識する

意識化❸

「今・現実」を意識する

■理想に振り回されず「今」に目を向ける

不安は、「理想と現実とのギャップ」から生まれます。

つまり理想が高すぎると、アンコンシャス・バイアスにより、常に不安を抱えることになり、目の前の状況すべてが、ネガティブにうつってしまいます。

「失敗は決して、許されない」

「私は、完璧でなければならない」

このような思い込みにがんじがらめになってしまうと、極度のストレスを抱えることになります。

リーダーがこのような不安感情におそわれると、どうなると思いますか？

リーダーは、自分の不安感情を解消するために、メンバーに対して重箱の隅をつつくような指摘をするようになってしまいます。些細なことでも叱責するようになり、メンバーのやる気を損ね、やがてはリーダーとメンバーの心は離れ、ますます負のループにはまっていくことになるでしょう。

事例をひとつ紹介します。

ある日、「責任者と話したい」と、取引先のお客様から電話が入りました。

「御社のJさんの対応があまりにも遅くて、困っているのですが、一体どんな指導をしているのですか？」

Jさんの対応の遅さは、いかなる理由があろうとも、お客様からのご指摘はごもっともも、そこは指導すべきことでしょう。

ただ、「なぜ、対応が遅くなったんだ？」と、詰め寄っても、責めても、何も生まれない。そう思ったこのリーダーは、「今ここから、どうしたらいいだろうか？」ということに、意識の置きどころを変えたといいます。

私たちはしばしば、無意識のうちに「理想」にばかり目が行き、「なぜ理想に近づけないのか？」と、相手を責め立ててしまいます。そしてそのことが、時として、相手を追い詰めてしまいます。

意識の置きどころを、理想ではなく、「今」に目を向ける。そうすることで、起きた問題を「リーダーとメンバーが一緒になって考える」という構図・思考に変わるのです。

意識化における心のもちよう

理想に目が行きすぎると「こうあるべき」に振り回される

理想に目が行きすぎると
「こうあるべき」に振り回される

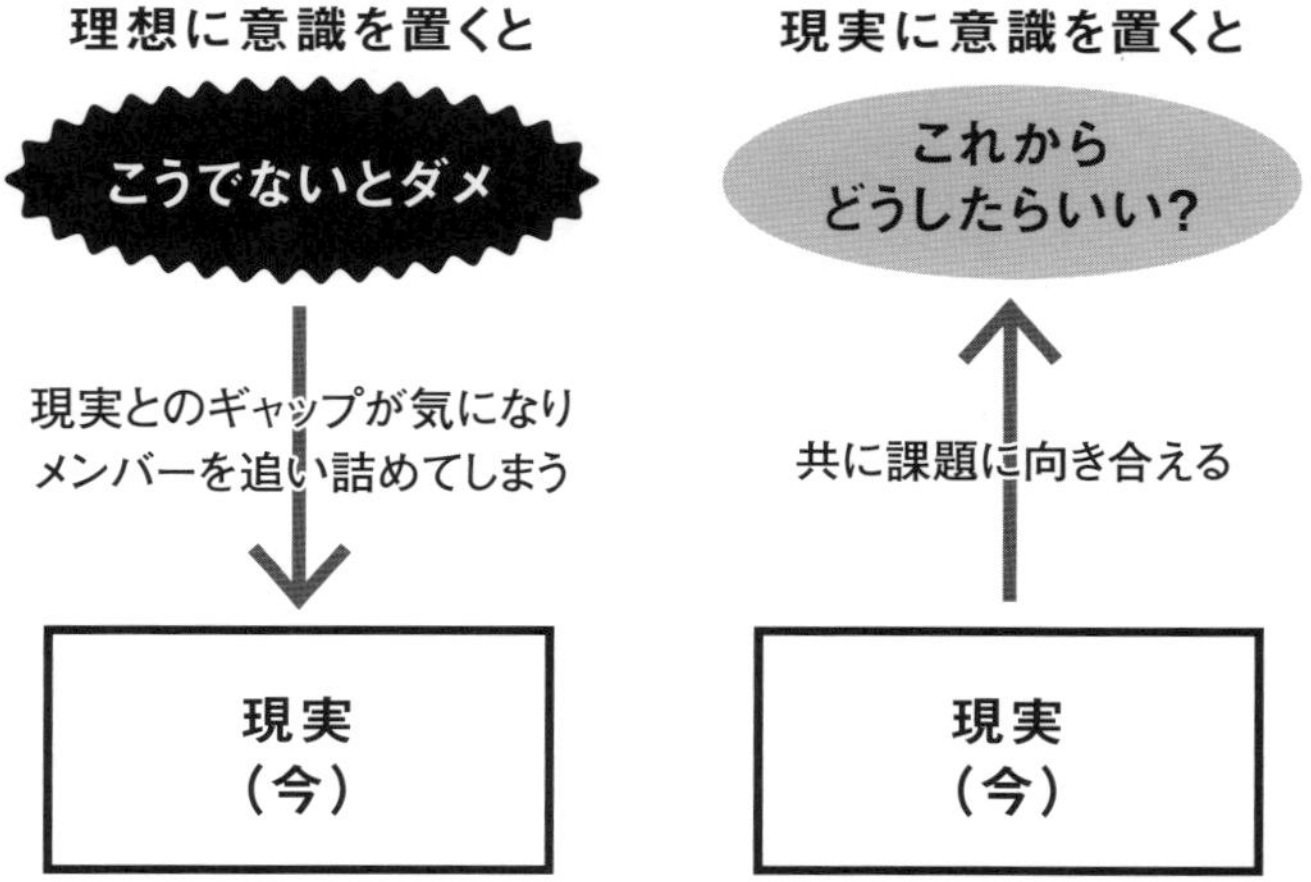

意識化❹

バイアスを意識的に上書きする

■思っていたイメージとはまったく逆のイメージに気づく

アンコンシャス・バイアスは、過去の経験や知識によって、知らず知らずのうちにつくられていきます。逆にいえば、「意識の置きどころが変われば、上書きできる」ということでもあります。たとえば、次のようなことです。

◉**英語が苦手な私は、英語で道を聞かれたらいつも無言で逃げていました。**

⬇なんとなく身振り手振りをまじえて、勇気を出して道案内をしてみたら、なんとなく伝わったのです。その経験をして以来、英文法がデタラメでも、意外と思いは伝わるものだと感じ、英語への苦手意識がなくなりました。

◉これまでの仕事と全然違うので、「私には無理です」と一度は断った異動。

⬇「キミなら大丈夫」と背中を押されて、おそるおそる挑戦してみたところ、当初の心配をよそに、やり遂げられたのです。それ以来、新しい仕事のオファーには、不安を感じても、ダメ元で挑戦しようと思えるようになりました。

◉ある役員に対して、いつも眉間に皺をよせた「怖い」人と思っていました。

⬇エレベーターに乗り合わせた日のこと。「何階かな？」と気さくに話しかけてくれて、それ以来、不思議なもので気さくな人という印象に変わりました。人を見た目で判断するのはやめよう、自分も損してしまうと思うようになりました。

こうした経験は、誰にでもあるのではないでしょうか。

・これまで「できない」と思っていたことが、意外にもできるようになった。

・「こういう人だろう」と決めつけていた印象が、意外にも実は違った。

・これまでネガティブに見えていたことが、意外にもポジティブに変わった。
ここでのポイントは、「意外にも」という点です。

アンコンシャス・バイアスは、知らない間につくられているものなので、「意外」と感じながら上書きされていることが多いのです。

「イメージとはまったく逆のイメージに気づく」ことでバイアスが上書きされる。ひとつの「気づき」が、バイアスを上書きするともいえるでしょう。


ここからの話は「あることへの苦手意識をもっていた人が、自分のバイアスに気づき、意識の置きどころを変えたことで、バイアスの上書きに成功した」という例です。

人事部のK主任は、人前で話をすると「声が震えてしまう」という悩みをもっていました。極度の緊張のせいで、直前になるとお腹を壊したり、マイクをもつ手が震えたりといったことが、しばしばだったといいます。

K主任の話をよく聞いてみると、彼のなかに「よどみなく流暢に一言一句間違えずに話すことがよいこと」というアンコンシャス・バイアスがあることがわかりました。

実は、学生時代に出場したスピーチコンテストで、審査員から「つっかかりがあったのが残念でした。もっと、流暢に話せるようになるといいですね」とのコメントをもらった経験が、K主任の「人前で話すこと」＝「よどみなく流暢に話すことが評価に値する」というアンコンシャス・バイアスにつながっていたのです。

「人前で話す際に大切なのは、よどみなく話すことではない。聞いている人の役に立つことを伝えようとすることではないですか？　何を相手に残したいのか？　に意識を向けることが大切なのではないでしょうか」と私が伝えたところ、その後、K主任は「伝えたいことがあるから人前に立っている」ということに意識を集中するようになり、身体と声の震えが止まったそうです。

「自分が大切だと思ってきたことを、別の大切なことに意識を置くことで、アンコンシャス・バイアスが上書きされた」というケースです。

意識化における心のもちよう

過去の経験や知識がすべてではない。上書きを試みてみる

意識化❺

「プラス面」に意識を向ける

■メンバーの「よいところ」「できている側面」に光をあてる

質問です。想像しながら答えてみてください。

あなたは、「小学校で習う漢字」のテストを受けました。
そのテスト結果は１００点満点中80点でした。あなたはどう感じましたか？

「80点もとれた！　すごい！」とある人は喜び、「間違いが20点もあったなんて、一体どこを間違えたんだ？」とある人はへこむ。

あなたは、どちらのタイプに近いですか？

80点に目が行く人。つまり、「足りているところ」に意識がいく人。
20点に目が行く人。つまり、「足りていないところ」に意識がいく人がいます。
もちろん、時と場合によると思いますが、このように、「意識の置きどころ」が変わると、ものごとの見え方、感じ方は大きく異なります。

職場のシーンを見てみましょう。
C君からの提案書を2人のリーダーが受け取りました。

Aリーダーは、「この提案書は素晴らしい！　観点がユニークだ！」と賞賛。
Bリーダーは、「この報告書は、誤字脱字が多いなぁ」と批判。

このように、「意識の置きどころ」が変わると、ものごとの見え方やメンバーへの評価が大きく変わります。

たとえば、メンバーの「マイナスの面」ばかりを見てしまうと、「このメンバーはダメ」「能力がない」というネガティブなイメージが全体を覆ってしまい、やがては、「このメンバーは、何をやらせてもダメだ！」というアンコンシャス・バイアスが生まれてしまうでしょう。

リーダーにお願いしたいのは、こういった偏ったものの見方をするのでなく、メンバーの「よいところ」「できている側面」に光をあててほしいのです。

メンバーのマイナス面ばかりに目を向けないようにするには、まずは、自分の「理想を押しつけること」をやめなければなりません。

そして「プラスの面」に意識の置きどころを変えるクセをつけることが大切です。

「美点凝視《びてんぎょうし》」

この言葉をご存じでしょうか？　この言葉は、相手のプラス面に注意を注ぐことの大切さを伝えています。

日ごろのコミュニケーションスタイル、業績への貢献度、サポート力、職場の雰囲気への影響力などをはじめとして、意識の置きどころをまずは「美点凝視」にしてほしいのです。

ある状況に対して、あまりにも強い理想を抱いてしまうと、「こんなはずではなかった」と、無意識のうちに悪いところばかりが見えてしまいます。

しかし、よほどのことがない限り、すべてがネガティブというメンバーはいないのではないでしょうか。

メンバーの顔を思い浮かべてみてください。悪いところだらけのメンバーなんていないはずです。

意識化における心のもちよう
メンバーのマイナス面にばかり目を向けない

意識化❻

「セルフイメージ」を上書きする

■誰に対しても、何に対しても対等

あなたは、自分で自分のことを、どういう人物だとイメージしていますか？

自分で自分のことを、どう評価していますか？

あなたがもっている「セルフイメージ」が、アンコンシャス・バイアスとなって、その後の態度や言動に大きな影響を及ぼします。

「私は完璧なリーダーである」というセルフイメージをもっていると、その分、自分のミスを素直に認められず、他責になったり、強がったりしてしまう可能性があります。

「私はリーダーとして、まだまだ半人前。未熟すぎるリーダーだ」というセルフイメージをもっていると、賞賛の言葉や、リーダーシップを発揮していることへの労いの言葉を、素直に受け止められず、「いえいえ、私なんて」と謙遜し続け、自分はリーダーとしては落ちこぼれであるというアンコンシャス・バイアスをいつまでも抱き続ける可能性があります。

セルフイメージとは、文字どおり「自分に対するイメージ」です。このイメージが周りとのギャップをつくり、周りを不快にさせてしまう元凶にもなりかねません。

セルフイメージには2とおりの方向性があります。

ひとつは、「過度に良いイメージをつくろう」とする方向性。

ひとつは、「過度に悪いイメージをもってしまう」という方向性です。

過度に良いイメージをもっていると、傲慢になったり相手を蔑《さげす》んだり、見くびったりしてしまいます。また過度に悪いイメージをもっていると、謙遜しすぎたり、気弱になったりしてしまいます。

どちらのセルフイメージも、「比較」が影響しています。根源に、「誰かと比べる」「何かと比べる」という比較があります。私はあの人と比べて、「能力が低い・能力が高い」といったように、誰かの、何かと比べてしまうと、「自己防衛心」「嫉妬心」が生まれやすくなってしまいます。

ぜひ、次のことを大切にしてください。

「私は私。あの人はあの人。それぞれに意味があり、そこに優劣はない」

セルフイメージで大切なことは、誰に対しても、何に対しても、「対等」なイメージをもつことです。対等であるとは、誰かの何かと比べるのではなく「私は私、あなたはあなた」という感覚です。お互いに上でもなければ下でもないということです。「I am OK! You are OK!」の状態です。

ナンバーワンではなく、オンリーワンを目指すという言い方をすることもあるようですが、私は、「オンリーワンすら目指す必要はない」と考えています。なぜなら、ここでいわれるオンリーワンという表現も、どこかで誰かや何かと比べてしまっている気がしてならないからです。

誰とも何とも比べずに、自分のありのままを受け入れるということが、最も大切なセルフイメージです。そういうセルフイメージをもつと、自己防衛心からも解放され、いろいろなアンコンシャス・バイアスから影響を受けることも減っていくでしょう。

この考えは、チームや組織のメンバーに対する見方でも同じです。

メンバーを、誰かや何かと比較するのではなく、「一人ひとり」を見ること。「一人ひとりがそれぞれに活躍できる組織」こそが、強い組織です。

意識化における心のもちよう

自分のありのままを受け入れるセルフイメージをもてば、バイアスに振り回されなくなる

意識化❼

「あともうひとつの情報は？」「別の情報は？」を意識する

■一部の情報ですべてがわかった気にならない

アンコンシャス・バイアスは、「一部の情報」や「自分にとって都合のいい解釈」により生まれるという側面があります。**情報が少ないと、それだけ「無意識の思い込み」や「無意識の偏ったものの見方」が強くなる傾向にあるのです。**

一部の人の意見だけで判断したり、ある部分だけを見て全体を決めつけてしまったりといったことは、だからこそ危険です。

あなたは、次のような場面に遭遇したり、経験したことがありませんか？

□たった一人の意見を、まるで全体の意見であるかのように思い込んでしまう

・きっとみんなも、そう感じているに違いないと思い込む

・たとえば、「この制度はよくないと、みんなが言っていますよ」という報告を受けると、「みんなが反対しているなら再検討の必要があるな」と判断するなど

➡本当にみんななのか、誰の意見なのかを、調べることもなく決めつける

□たった一度の結果を受けて、その人の能力を決めつけてしまう

・「商品開発をはじめてAさんに任せてみたが、新商品の売れ行きはイマイチ。Aさんは、商品開発に向いていないな」と、たった一度の結果で決めつける

➡売れない理由の検証もなく、能力のせいだと決めつける、敗者復活の考えもない

□一人ひとり事情は違うのに、「過去の部下と同じだ」と思い込んでしまう

・過去、育休から復帰してきた私の部下は全員、子どもが小さいので、残業、出張、会食はNGだった。きっと、○○さんも同じだろうな……。

➡本人に確認することなく、過去の部下や似たケースと照らし合わせて決めつける

□過去の発言を、「今も同じ」と決めつけてしまう

・管理職登用の審議会で、C係長とD係長の2人が候補にあがった。ある部長が一言。「C係長は以前、管理職にはなりたくないと言っていたから、D係長がいいんじゃないか？」

⬇人の心は変わることもあるのに、今も当然のことながら考えは変わっていないと決めつける

これらは、ほんの一例ですが、似たようなケースに遭遇したことがある人も多いのではないでしょうか。

これらのケースのなかには、「結果的に予測したとおりだった」ということもあるでしょう。厄介なのは、ここなのです。

予測は、正しかったと裏づけるような事実が重なると、「やっぱり私の考えは正しかった」と解釈するアンコンシャス・バイアス（＝確証バイアス↓154ページ参照）に陥る可能性が、実に高くなります。

リーダーの判断が、１００回とも予測どおりだったとしても、１０１回めは違うか

もしれないという心もちで、一人ひとりと、一つひとつと、向き合ってほしいと思います。

限られた時間と、限られた情報のなかで、いろいろなことを判断し、決断していく必要があるなかにあって、すべての情報を集めることは難しいかもしれません。

大切なことは、「一部の情報ですべてがわかった気にならない」ということを肝に銘じることです。

ぎりぎりまで「別の角度から見たら？」「もうあとひとつ情報を得られないだろうか？」「果たして、本当にそうなのか？」などといったことを、ぜひ意識してみてください。

意識化における心のもちよう

決めつけてしまわずに「背景」や「理由」を探るようにする

意識化❽

新たな経験で上書きする

■失敗なくして、成長はない

「百聞は一見にしかず」とは古くからいわれている格言です。

しかし、アンコンシャス・バイアスの観点で考えれば、その「一見」にも無意識の思い込みがあるかもしれません。

これまで繰り返し述べてきたように、アンコンシャス・バイアスは「過去の経験」によって培われていきます。つまり、アンコンシャス・バイアスを上書きするには、「経験」がカギを握っているのです。

□大変だと思っていたけれど、やってみたら、意外とできた！
□怖いと思っていたけれど、やってみたら意外とそれほど怖くはなかった

いわば「百聞は一験（ひとつの経験）にしかず」とも言えるでしょう。
新しいことに挑戦するときほど、この「経験による上書き」は大切になってきます。

このことは、「キャリアデザイン」においても、同じです。

新たな経験や、新たなポジション（役職や役割）への挑戦にあたって、邪魔をするバイアスは「失敗するかもしれない」「失敗したらどうしよう」という思い込みです。

リーダー自身が何かに挑戦するときもしかり。部下に何か挑戦してもらいたいときもしかり。大切な心もちは、一言でいえば「まずは、やってみよう」です。

意識化における心のもちよう

百聞は一験にしかず！　まずは自分でやってみる

互いのバイアスに
振り回されない
チームになる

CHAPTER 4

Unconscious Bias

CHAPTER 4

自分のなかにある「思い込み」を伝え合う

■気づきはメンバーがいるからこそ生まれる

無意識のうちに偏ったものの見方をしてしまうことは、誰にでもあることであり、私にも、アンコンシャス・バイアスはあり、ハッとすることは日常茶飯事です。

無意識の思い込みを「ゼロ」にすることは難しいからこそ、「気づこうとすること」「意識すること」が大切であり、「相手の非言語メッセージ」に目を向け、「相手からのフィードバックと向き合うこと」が何よりも大切です。

『裸の王様』という童話をご存じでしょうか。「バカには見えない服をつくります」

という仕立屋の言葉に、バカに思われたくないという「自己防衛心」から、王様も家来も国民も、見えていない洋服を大絶賛します。途中、子どもが「王様は裸だよ！」と指摘をするものの、王様はその指摘を無視してしまいます。

この人間心理の弱点をついた寓話は、リーダーが自分の無意識の思い込みと向き合うにあたって大いに参考になると思います。

なぜなら、アンコンシャス・バイアスは、無意識であるがゆえに、自分だけではなかなか気づきにくく、相手がいてくれてこそ気づけることが多いもの。メンバーは、リーダーが裸の王様にならないための、貴重な存在といえるからです。

上下関係を超えて、お互いがそれぞれの思い込みを気づかせてくれる存在になる。そして感謝し合える関係になることほど、すばらしいことはありません。

ポイント
互いに自分の無意識の思い込みに気づこうとするチームになる

CHAPTER 4

チームの「共通言語」にする

■「これって、私のアンコンシャス・バイアスかも？」

上場企業をはじめとした民間企業、外資系企業、NPO、NGO、医療法人、学校法人、男女共同参画センターなど、ここ1～2年で、実に約5万人を超える方々に、「アンコンシャス・バイアス」についての講演、研修、eラーニングなどを提供してきました。

このような経験から、ひとつ言えることがあります。それはアンコンシャス・バイアスの共通言語化が、一人ひとりの「変わる勇気」につながるということです。

具体的には、**日常的にアンコンシャス・バイアスをテーマに気軽に語り合うこと**

で、自然と「押しつけ」や「決めつけ」がなくなり、コミュニケーションスタイルが変わるきっかけとなるのです。ぜひ、チームで次の2つのことに取り組んでみてください。

①チームの合い言葉にする

共通言語化の第一歩は、「これって、私のアンコンシャス・バイアスかも？」を合い言葉として、気軽に言葉にしてみることです。「気軽に」がポイントです。これがいつしか、チームや組織の文化になっていきます。

②定期的に語り合う場をつくる

「最近気づいたアンコンシャス・バイアス」をテーマに、お互いに話をする場をもつことは、お互いのものの見方を知る素晴らしい場となっていくはずです。

ポイント

共通言語にすることが一人ひとりの変わる勇気につながる

CHAPTER 4

リーダー自らが自己開示して心理的安全性を担保する

■安心して言葉にできるか、行動できるか

人は自分を守るために、つい「自分にとって都合のよいものの見方や考え方」をしてしまうことがあります。何度もお話ししているように、アンコンシャス・バイアスは「自己防衛心」から生まれています。

自己防衛心が組織に蔓延すると、ギスギスした雰囲気となってしまい、自分の無意識の思い込みについて、互いに伝え合うことも到底できなくなってしまうでしょう。

では、どうしたらよいでしょうか。ここで、カギを握るのが、「心理的安全性」で

す。

周りの意見や反応を気にすることなく、「どんな意見を言っても大丈夫」「失敗しても大丈夫」「自己開示しても大丈夫」といったように、安心して言葉にできるか、行動できるか――それが心理的安全性があるチームかどうかを表しています。

「大丈夫」という感覚は、心のブレーキをはずし、あらゆる行動の源となります。「大丈夫」という言葉がチームに飛び交うことで、「心のつながり」が生まれます。

「何を言っても大丈夫」というチームをつくるには、リーダーの飾ることのない自己開示が大切です。まずはリーダーから、「アンコンシャス・バイアスを自己開示すること」に挑戦してみてください。

ポイント

「何を言っても大丈夫」と思えるチームには心理的安全性がある

CHAPTER 4

相手を変えようとするのではなく、自らが変わる

■変わるのはまず私から

講演で、最も多く寄せられるのは次のような質問です。

「自分の周りにもアンコンシャス・バイアスだらけの人がいて、そのことを気づかせて、変わってもらいたいのです。どうしたらいいでしょうか。相手に、アンコンシャス・バイアスを気づかせる方法はありますか？」

私の答えは、「その方法はありません」です。

「アンコンシャス・バイアスが私にも無数にあることに気づいたということを、〝私は〟を主語にして語ることはいいことです。ただし、〝あなたにも、こんなバイアス

やあんなバイアスがあると思った〟と、相手に押しつけることはお勧めしません」

○「これって、私のアンコンシャス・バイアスかも？」はＯＫ

×「それって、あなたのアンコンシャス・バイアスだよ！」はＮＧ

「あなたにはバイアスがあって、偏ったものの見方をしている」と、決めつけられたり指摘をされたら相手はどう思うでしょうか。心を閉ざしてしまうかもしれません。

この概念を知った一人ひとりが起点となり、自らが変わろうとしていくことで、チームが、組織が、会社が、社会がよりよくなっていくと私は信じています。

あなたが自己開示をする姿や、あなたが変わろうとする姿が、やがては周りを巻き込んでいくことにつながるのです。

ポイント
自分から変わろうとする心のもちようが、相手の気づきを深める影響力になる

CHAPTER 4

フィードバック・ループをチームで回す

■集団思考を抑制するフィードバック・ループ

リーダーもメンバーも、お互いにアンコンシャス・バイアスに気づきにくくなることがあります。それは、「集団思考に陥ってしまったとき」です。

集団思考とは、チームの誰もが、自分のバイアスに気づかない状態をいいます。

集団思考は、ある側面では場のエネルギーがとても高まり、ひとりではできないことが、チーム一丸となって取り組むことでできるというよい側面もあります。

しかし危険な側面としては、チームがよくない方向に向かっていたとしても、誰もそれに気づかず、誰も疑わず、突き進んでしまうということがあげられます。

組織的なコンプライアンス違反には、この集団思考が影響しています。
集団思考に陥っている組織には、次のような傾向があります。

- □「これくらい大丈夫」という思い込みが組織に蔓延している
- □「どこもやっていることだから」「うちだけじゃないから」という発言が多い
- □お客様の率直な声に向き合わない、そもそもお客様の声を聞く機会がない
- □ごく少数の「異論」や「問題提議」に耳を傾けない、受け入れない、排除する

集団思考を生み出すアンコンシャス・バイアスに対処するには、**とくに都合が悪いと思える「ネガティブなフィードバック」に耳を傾けられるかどうか**――リーダーの日ごろの言動が大きな影響を及ぼします。
「こういう声こそ聞き入れよう」とフィードバック・ループをチームで回していくことを心がけてみてください。

ポイント
ネガティブに思える声ほど受け入れる風土をつくる

CHAPTER 4

言葉の解釈を互いに確認し合う

■相手の解釈は自分とはまったく違う可能性がある

チームで仕事をしていると、意見がぶつかり合うことは多々あるでしょう。
ここで、私のアンコンシャス・バイアスにまつわるエピソードをご紹介します。

私　「これ、どう思う?」
相手「うーん。違うと思いますね」

この「違う」というフレーズ、あなたならどう受け止めますか?

私はこの「違う」というフレーズを相手から投げかけられた瞬間に、イライラしたり頭にきたり、時には悲しくなったりする思考のクセをもっていることが、あるときわかりました。

「違う」という言葉を聞いた瞬間に、「違う＝間違い」という解釈をし、さらには、「私が一生懸命考えたことを否定された、バカにされた」と勝手に思い込み、イライラしたり悲しくなったりしていたのです。

この思考のクセに気づいたのは、「アンコンシャス・バイアスかも？」と感じたことを、２週間にわたって記録したことがきっかけでした。

相手は単に、「私はあなたの意見とは異なります。私の考えはこうです」という意味で、「違う」という言葉を使っていたにもかかわらず、私のなかにあるアンコンシャス・バイアスにより、まったく異なるメッセージが心に届いていたのです。

余談ですが、次の言葉との出会いにより、霧が晴れたようにこのバイアスから解き放たれることになりました。

「違い」とは、「間違い（Wrong）」ではなく「異なる（Different）」である。

このことを経営層や管理職を対象とした講演会でお話しすると、「なるほど！」と唸るような声が聞こえてきます。同じようなことを経験している人が多いのかもしれません。

「部下から反対意見を言われた瞬間に、頭に血がのぼってしまうのはこれだったのか」
「役員から『違うのでは？』と言われた瞬間に、意気消沈するのはこれかぁ」
「部下からの提案に〝違う〟と伝えたあとから、部下との人間関係がギクシャクした理由はこれだったのか。言葉足らずだったんだな……」など。

私も含めて、**私たちは時として相手にその言葉の真意を尋ねることなく、心を閉ざしてしまうことがあります。**

相手と自分とは「同じ世界に生きている。同じ感覚である」というバイアスがあり、それゆえに苦しむ場面が多々あるように思います。

相手が使っている言葉の意味は、自分とは違う可能性がある。
相手の解釈は、自分とは違う可能性がある。

「同じである」と思い込むことなく、「違っている可能性が高い」という前提でお互いに確認するようにしてみましょう。まさにそれが「歩み寄る」ということでもあります。

ポイント
違いを言葉に出し、違いを受け入れる勇気をもとう

CHAPTER 4

余裕をつくる

■「ムダな仕事はやらない」と伝えることはリーダーの大切な仕事

自分のバイアスに気づくには、心に余裕をつくり、冷静になって自分を振り返る必要があります。余裕がなくなると、自分のバイアスに気づきにくくなり、バイアスに振り回されやすくなります。

【時間の余裕】

時間の余裕をつくるには、仕事にかける時間を決めることです。

どこまでも完璧さを求めてしまうといったアンコンシャス・バイアスが影響する

と、ムダな仕事に時間を費やすことにつながりかねません。

「この時間でできることをやる」と決めることが、時間の余裕をつくるにあたってのポイントです。

【仕事の余裕】

「会議のための会議」と揶揄する言葉がありますが、リーダーは、ぜひ「その仕事は、本当に必要か？」ということを立ち止まって考えてみてください。

たとえば、役員会に提出する資料を部下に依頼したとします。提出されたその資料の「完成度」は何を表していると思いますか？　部下が「上司の顔色をうかがった証」かもしれません。資料作成にどれだけの時間を割き、どれほどの関係者を巻き込んだのかを聞いてみるといいでしょう。

「ここまでしないと評価が低くなる」という部下の思い込み。

「クオリティの高い資料じゃないと、私が役員会で痛い目にあう」という上司の思い込み。

会社全体の社内資料にかける総時間数は、アンコンシャス・バイアスが影響しているかもしれません。

「組織全体にはびこるバイアスが、ムダな仕事を生んでいないだろうか？」という観点で、ぜひ、仕事内容を見直してみてください。

【コミュニケーションの余裕】

メールを減らすことです。

メールでのコミュニケーションは、非常に便利である反面、内容によっては、ことを複雑化したり、解釈の違いによる誤解を生んだりと、コミュニケーションが複雑化しやすいツールです。

アンコンシャス・バイアスに振り回されないためには、リアルの会話やテレビ会議、ビデオチャットなどを利用することをお勧めします。解釈の違いや誤解に気づきやすく、コミュニケーションに余裕が生まれるからです。

【心理的な余裕】

「やらない決断」「やめる決断」をいかにリーダーができるか、です。

資料作成も、会議のための会議も、保身のための根回しも、ムダだと感じる仕事が増えてきている気がしたら、それは組織のなかに「不安心理」が蔓延し始めている証拠です。

「そこまでしなくていい」

「それはやめていい」

リーダーとして、どれだけ「やらなくていい」ということを伝えてあげられているでしょうか。

やらない決断をメンバーに伝えることは、リーダーの大切な仕事です。

ポイント

時間・仕事・コミュニケーション・心理的な余裕はリーダー次第で生まれる

CHAPTER 4

メンバーが大切にしていることをリーダーも大切にする

■「防衛心」ではなく「受容の心」をもつ

仕事を共にするメンバー同士で、「大切にしていること（価値観）」を共有し合うことは、互いのバイアスに振り回されないチームづくりのベースになります。

「仕事でやりがいを感じる瞬間は？」
「仕事をするにあたって大切にしていることは？」
「これまでの人生のターニングポイントから学んだことは？」

これらは、お互いの価値観を確認し合える質問です。互いに大切なものを大切にしているチームは、自分らしく一人ひとりがそれぞれに活躍できています。

それには、リーダーがメンバーが大切にしていることへの「受容の心」をもつこと。
受容の心は、メンバーのために少しでもできることはないか？　と考えることです。
「アンコンシャス・バイアスを意識し過ぎて何もできなくなりそう」ではなく、
「メンバーのために何ができるだろうか」と考える。
「アンコンシャス・バイアスは厄介だ」ではなく、
「アンコンシャス・バイアスに少しでも気づいていこう」と考える。
それが、アンコンシャス・バイアスに振り回されない心のもちようです。

ついてきてくれるメンバーがいなければ、リーダーにはなれません。
リーダーにとってなくてはならない最も大切なものはメンバー。
リーダー自らがメンバーの大切なものを大切にすることから始めてみてください。

ポイント
自己防衛ではなく、「受容の心」を意識する

リーダーが
意識しておきたい代表的な
15のアンコンシャス・バイアス

巻末付録

Unconscious Bias

アンコンシャス・バイアスは「無意識」であるがゆえに、気づくのはなかなか難しいものです。

そこで、「言われてみれば、たしかに自分にも、こんなバイアスやあんな思い込みがあるかもしれない」と気づくきっかけになることを願って、２００以上のアンコンシャス・バイアスがあるといわれているなかから、リーダーが知っておきたい代表的な15項目を紹介します。

チームや組織を率いるリーダーには、
「あっ、これって私のアンコンシャス・バイアスかも?」
と、自分に問いかけながら読み進めてみてください。

Unconscious Bias

職場の人間関係や仕事に影響する代表的なアンコンシャス・バイアス

1

確証バイアス（Confirmation bias）

自分に都合のいい情報ばかりに目がいってしまう

▼こんなことはありませんか？

□自分がこうだと信じたことは疑わない
□根拠のない「定説」「迷信」をもっている
□事実を自分の都合のよいように解釈してしまう
□自分の考えを裏付けるデータがひとつでもあれば、「ほら、やっぱり！」と思う
□自分の考えと一致しないときには「例外」と決めつけてしまう

自分の考えを支持する情報ばかりに目がいってしまうなど、無意識のうちに、「私は正しい」と確信してしまうアンコンシャス・バイアスです。

▼起こりうる問題例／影響

①一度こうだと決めたことを変えられない

自分の考えを反証する情報が出てきたとしても、一度結論づけたことに固執してしまい、意見や考えを変えられなくなってしまうことがある。

②相手の意見を根拠なくはねのけてしまう

自分の考えとは異なる意見に耳を傾けられなくなってしまったり、根拠なく反対意見をはねのけてしまうことで、新たな発見ができなくなってしまうことがある。

③お互いに歩み寄れなくなる

自分にとって都合の良い根拠や情報をもとに議論してしまい、相手に歩み寄れなくなってしまう。

▼大切なこと

「果たして、本当にそうなのか？」と、自分の確信を疑い、さまざまな意見や情報に耳を傾ける勇気をもとう。

2

ステレオタイプ（Stereotype）

人の属性や一部の特性をもとに先入観や固定観念で決めつけてしまう

▼こんなことはありませんか？

□出身校や最終学歴で、その人の能力を判断してしまうことがある
□性別や国籍、人種などで相手を見ることがある
□「○○県出身の人は、＊＊＊だ」と思うことがある
□「理系（文系）の人は□□□だ」と決めつけることがある
□家事は女性がするものだと思う

無意識のうちに、ある属性に関連づけて、その人のことを勝手にイメージしたり、特性を決めつけてしまうアンコンシャス・バイアスです。

▼起こりうる問題例／影響

①属性で行動が左右される

年次が下とわかると横柄になったり、相手の肩書きで態度を変えるなど、属性や立場で行動することがある。

②相手を傷つけてしまう

「女性に重要な仕事は任せられない」など、属性で決めつけてしまい、相手を傷つけてしまうことがある。

③判断を誤ってしまう

経歴で「あの人なら間違いない」と信じてしまったり、個性ではなく属性をもとに判断してしまうことから、相手の本当の姿を見誤ることがある。

▼大切なこと

属性を理由にすべてを決めつけないこと、個性を知ろうとすること。

3

ハロー効果（Halo effect）

相手の一部の特性ですべての印象がよくも悪くもなる

▼こんなことはありませんか？

□学歴が高い人は、仕事も優秀だと思ってしまう
□業績がよい人は、何をやってもデキる人だと思ってしまう
□何か短所が見つかると、その人のあらゆる面が悪く見えるようになる
□身なりがキチンとしていると、仕事もデキる人だと感じてしまう
□第一印象だけでその人の良し悪しを判断することがある

一部の特性によって、全体がよくも悪くも見えてしまうアンコンシャス・バイアスです。

▼起こりうる問題例／影響

①一部の情報だけで相手のすべての印象が大きく変わってしまう

一部の情報で他の印象が変わるため、相手のよい点や悪い点を客観的に見ることができなくなってしまうことがある。

②相手の成長機会を損なってしまう

一部の情報をもとに、仕事を任せる、任せないなどをはじめとした判断をするため、知らず知らずのうちに、成長やキャリアアップの妨げとなっていることがある。

③相手がよく見せようと自分を誇張してしまうことがある

相手側も自分をよく見せるために、自分の長所を誇張したり、過度にアピールしたりすることで、本来の姿が見えなくなることがある。

▼大切なこと

あるひとつの側面を見て、全体を決めつけない。

4

正常性バイアス（Normalcy bias）

周りが変化していたり、危機的な状況が迫っていても、「私は大丈夫」と、自分に都合のいいように思い込んでしまう

▼こんなことはありませんか？

□周りで問題が起きても「私に限って、そんなことはない」と思ったことがある
□「うちの会社は大丈夫」「うちの部署は大丈夫」と根拠なく思うことがある
□何か問題が起こっても「私は大丈夫」というのを大前提で考える
□警報が鳴っても、逃げる気にならない
□「危機的状況だ」と言われても、大丈夫な気がする

周りの状況を過小評価したり、「私は大丈夫」と、自分を過信してしまうアンコンシャス・バイアスです。

▼起こりうる問題例／影響

①変化に対応しない・自ら変わろうとしない

周りが変化していても切実に感じなかったり、自分からあえて変わろうとは思えなくなることがある。

②危機感がなくなる・問題を先送りする

「私は大丈夫」と思ってしまうなど、問題を先送りし、事態を悪化させてしまうことがある。

③他責になる・自分ごとにならない

何か問題が起きても、周りのせいにしてしまう、また、自分がやらなくても、誰かがやってくれるだろうと安易に思ったり、自分から変わらなくてもなんとかなるだろうと思ってしまうことがある。

▼大切なこと

状況を過小評価せず、準備や対応を怠らないようにする。

5

権威バイアス（Authority bias）

権威ある人の言うことは、間違いないと思い込む

▼こんなことはありませんか？

□「あの人が言うなら間違いない」と思うことがある
□専門家の意見に従っていれば、間違いないと思う
□上司のお墨付きがないと、不安になる
□重要な決断にあたっては、権威ある人の意見を聞いてからにしようと思う
□占いに頼ってしまう

専門家や権威ある人の考えや言葉を鵜呑みにしてしまうアンコンシャス・バイアスです。「自分では決められない」というリスク回避の感覚がつくりだしています。

▼起こりうる問題例／影響

①指示待ちになってしまう

上司からの指示がないと動けない、特定の役職や立場の人の意見を待ってしまうということがある。危機的な状況にあっても、まずは権威のある人の意見を聞こうとするなど、動きが鈍くなったり、対応が遅くなったりしてしまうことがある。

②自分で考えなくなってしまう

自分で考えて行動することができなくなることがある。

③専門家の言うことを鵜呑みにしてしまう

専門家が間違うはずはないと決め込んだり、逆に専門家が間違えたときには信じた自分ではなく、専門家のせいにするということもある。

▼大切なこと

権威ある人の言葉を鵜呑みにせず、自分の考えをもつようにする。

6

コミットメントのエスカレーション（Escalation of commitment）

過去の自分の意思決定を正当化してしまう

▼こんなことはありませんか？

□失敗に気づいても、あとに引き下がれないことがある
□話の途中で「相手を打ち負かしたい」「勝ちたい」と思ったことがある
□本来の目的からどんどんずれても、結論や方向性を変えられない
□自分は正しいということを相手に認めさせようとすることがある
□過去の決定に矛盾する情報は無視することがある

ひょっとしたら過去の判断は間違っていたかもしれないと思っても、過去の意思決定に固執してしまうアンコンシャス・バイアスです。

▼起こりうる問題例／影響

①人間関係が悪化する

過去の意思決定に対する自分の間違いを認められず、人間関係が悪化していくことがある。

②あとに引けない

損失が明確でも、引き下がれなくなってしまうことがある。

③自分の立場に固執してしまう

自己防衛心が次第に強くなることで、自分から状況を変えようとしなくなったり、一度とった立場やスタンスに固執してしまうことがある。

▼大切なこと

本来の目的や大切なことに立ち戻り、時には自ら変わろうとする。

7

アインシュテルング効果（Einstellung effect）

慣れ親しんだ考え方やものの見方に固執してしまい、他のものの見方に気がつかない

▼こんなことはありませんか？

□新しい考え方がなかなかできない
□自分の考えに矛盾する情報を無視してしまう
□自分のこれまでのやり方を否定されるとイライラしてしまう
□自分のやり方や考え方が「一番だ」と思っている
□「あのやり方では成功しない」と前例のないやり方を非難してしまう

これまでの自分の考え方・やり方に固執し、他のやり方を無視してしまうアンコンシャス・バイアスです。

▼起こりうる問題例／影響

①新たな問題解決方法が見い出せなくなる

自分のやり方に固執してしまうことで、新たな問題解決の方法を否定してしまうことがある。

②イノベーションが起こりにくくなる

これまでのやり方を変えられないことから、あらゆることが「過去の延長線」となり、変革をもたらすことが難しくなってしまうことがある。

③多様性を失ってしまう

自分と同じやり方や、なじみのある方法に合わせようとしてしまい、別のやり方を排除してしまい、結果として多様性を失ってしまうことがある。

▼大切なこと

自分が正しいと思っている以外の考え方やものの見方を積極的に受け入れてみる。

8

集団同調性バイアス（Majority synching bias）

周りと同じように行動してしまう

▼こんなことはありませんか？

□みんながYESと言っていると、私もついYESと言ってしまう（NOと言えない）
□誰もやっていないことを、自ら手を挙げてやろうとは思わない
□「みんながいいと言っている」など、みんなという言葉に左右される
□他の人もやっているなら、私がやっても大丈夫、と思ってしまう
□みんなが同じものを頼んでいたら、「私も同じものを」とつい頼んでしまう

人は、少数派になることを恐れます。その自己防衛心から、他の人と同じように考えたり、行動してしまうのです。周りの言動に影響を受けてしまうアンコンシャス・バイアスです。

▼起こりうる問題例／影響

①多様なモノの見方や考え方ができなくなる

周りと同じであろうとするため、自分なりのモノの見方や考え方ができなくなってしまう。人は集団と同じ行動をとりたがったり、自分だけが異なる意見をもち、目立った行動をとることを避ける傾向にある。

たとえば、全員がいる場で多数決をとった際、少数派となってしまうと、多数派の意見に流されてしまうといった場面がある。

②集団思考（集団浅慮）に陥る

間違っているかもしれないと思いながらも、全員の動きにあわせてしまう。間違っていることに気づくことなく、周りの言動と同じことをしてしまう。「そういうものだから」という言葉に流されて、根拠もなく聞き入れてしまうことが、コンプライアンス違反などにつながるおそれがある。

③思考停止になる

自分なりに物事を考えることをしなくなることがある。周りの判断や行動に依存してしまいがちなので、「なぜ、そうしたの?」という問いをたてると、「周りがそうだったから」という答えがかえってくることが多い。

▼大切なこと

自分なりの考えを言葉にし、行動する勇気をもとう。

Unconscious Bias

キャリアや成長に影響する代表的なアンコンシャス・バイアス

9

ステレオタイプ脅威（Stereotype threat）

自分の「属性」に対する否定的な固定観念が呪縛となる

▼こんなことはありませんか？

□私は「女性／男性」なので、それはできない（属性を理由にする）
□世間や周りから自分がどう見られているかが気になることがある
□私の「ポジション（役職や肩書き）」では、それはできないと思うことがある
□ここは、私のような「若手」が出る幕じゃない
□私は資格をもっていないので、自信がない

自分の属性への否定的な固定観念がセルフイメージとなり、「できる・できない」「やる・やらない」などを決めてしまうアンコンシャス・バイアスです。

▼起こりうる問題例／影響

①自分本来の能力が発揮できなくなってしまう

属性で自分の能力を決めつけてしまうことで、無意識のうちに心理的にブレーキがかかり、本来できることであってもできなくなってしまうことがある。

②資格や肩書きなどで無理に自分を格づけしようとする

ありのままでは何も評価されないと思い込んでしまい、資格や肩書きを理由に行動してしまうことがある。

③自分に自信がもてなくなる

「自分は○○だからできない」「自分は□□だからダメだ」と、属性を理由に、自分の能力の限界を決めてしまい、挑戦できなくなってしまうことがある。

▼大切なこと

自分の属性を言い訳にするのではなく、自分の考えや気持ちを判断基準にする。

10

自己奉仕バイアス（Self-serving bias）

成功は自分の手柄であり、失敗の責任は自分にはないと思い込む

▼こんなことはありませんか？

□自分だけががんばっていると思うことがある
□思った以上に自分の評価が低いと感じることがある
□人よりもがんばっているはずなのに報われないと思うことがある
□「これは私の成果だ」とアピールしたくなることがある
□自分はチームのなかで最もがんばっていると思うことがある

成果に対して、自分に都合のいいように解釈してしまうアンコンシャス・バイアスです。

▼起こりうる問題例／影響

①手柄の奪い合いをしてしまう

手柄を奪おうとしてしまい、結果として、人間関係が悪化する可能性がある。

②あるところから努力しなくなる

失敗を他人のせいや、不可抗力と思い込むことで、あるところから努力しなくなったり、手を止めてしまうことがある。

③評価に不公平さを感じてしまう

自分は評価に値すると思い込んでいるため、評価が低いとやる気を失ったり、不満が募ったりしてしまうことがある。

▼大切なこと

知らぬ間に、自分勝手な評価や解釈をしていないかを振り返ろう。

11

専門偏向（Professional deformation）

自分の専門領域でものごとを考えてしまう

▼こんなことはありませんか？

□自分の専門分野が最も優れた分野だと思うことがある
□自分の専門分野以外のことには関心がない
□自分の専門領域の話になると、やたらと詳しく話し込んでしまう
□「私は○○の専門家だから、細部が気になってしまうんだよね」などの発言をする
□「私は○○の専門だから」と自分の専門を盾に、やらない言い訳に使うことがある

自分の専門分野や得意領域でものごとを見ようとするあまり、結果として視野が狭くなってしまうアンコンシャス・バイアスです。

▼起こりうる問題例／影響

①視野が狭くなる・視点が偏ってしまう

自分の専門分野が最も優れていると決め込んでしまい、専門分野以外のことを受け入れられなくなってしまうことがある。

②自分の専門分野のことばかり話してしまう・専門分野以外のことに無関心になる

相手と話すときに自分の専門分野のことばかり話してしまったり、相手がわからない専門用語を多用してしまったりすることがある。

③柔軟にいろいろなアイデアや解決策が出なくなる・受け入れられなくなる

「自分は○○の専門だからこう考える」など、あらゆることを自分の専門に結びつけて話してしまい、周りがやや疲れてしまうことがある。

▼大切なこと

視野狭窄に陥らないようにしよう。他分野への好奇心をもち、耳を傾けることも大切。

12

サンクコスト効果（Sunk cost effect）

費やした時間や労力を考えてしまい、やめたほうがいいことでもやめられなくなる

▼こんなことはありませんか？

□せっかく、ここまで積み上げてきたことを今さら捨てられないと思う
□これまでのキャリアとはまったく異なる方向に転換することはもったいないと思う
□長年つとめてきた職場環境、この年齢で変わるのは、もったいないと思う
□苦労して得た今の立場を守りたくなってしまうことがある
□膨大な時間をかけて練ってきた企画やアイデアを捨てられない

これまで費やした時間や労力、金銭に執着してしまうアンコンシャス・バイアスです。

▼起こりうる問題例／影響

①今の仕事や職場から離れられない

時間や労力を費やした仕事を変えたり、職場が変わることを「もったいない」と感じてしまうことで、キャリアが発展しなくなることがある。

②仕事を抱え込んでしまう

これまでに費やしてきた時間を思うと、ムダに感じる仕事でもやめることができず、結果として、多くの仕事を抱え込んでしまうことがある。

③決断できなくなる、挑戦できなくなる

「やめる決断」や「リスクのあることへの挑戦」「変革」ができなくなることがある。キャリアの発展やイノベーションに悪影響がある。

▼大切なこと

〝これまで〟よりも〝これから〟を考えて、何が大切かの判断基準をもつようにする。

13

バラ色の回顧（Rosy retrospection）

過去を美化してしまい、今を否定してしまう

▼こんなことはありませんか？

□「あのころはよかった」と、今よりも昔のほうがよいと思うことがある
□「若いころはよかった」と、言葉にすることがある
□「前のほうがよかった」と思うことがある
□「できればもう一度あのころに戻りたい」と思ってしまうことがある
□「昔は、この程度のことは問題にならなかった」と思うことがある

過去を美化してしまい、現在を否定してしまうアンコンシャス・バイアスです。
「過去美化バイアス」ともよばれています。

▼起こりうる問題例／影響

①過去の功績や美点ばかりに意識がいき、今の状況を批評してしまう

あのころはよかったと「過去の功績」を自慢し、現在の悪いところばかりを指摘する発言が多くなり、周りには愚痴と捉えられてしまうことがある。

②現在の制度やルールを否定的に見てしまう

「過去は許された」など、今の制度やルールに対して反発心を抱いてしまうことがある。

③挑戦してみようという意欲をそぐ

「昔はすごかった」など、過去を美化した発言を繰り返すことで、自分自身の今の状況を直視することから逃げてしまう。

▼大切なこと

「過去は過去」「今は今」と切り離してみる。

14

ダニング・クルーガー効果（Dunning・kruger effect）

等身大の自分を隠して過大評価してしまう

▼こんなことはありませんか？

□周りに対して強がってしまうことがある
□欠点を指摘されると反発したくなることがある
□自分の成果をやたらとアピールしてしまう
□弱いところや嫌なところをつつかれるとイライラしてくる
□できる人だと思われたくて、「できる人ふう」を演じてしまう

自分の容姿や発言、行動について、よく見せようと過大評価してしまうアンコンシャス・バイアスです。

▼起こりうる問題例／影響

①周りからの意見を謙虚に受け入れられなくなる

周りからの率直なフィードバックや、欠点に対する意見を素直に受けられなくなり、結果として周りが何も言ってくれなくなってしまうことがある。

②あるところから成長（自己変革）しようとしなくなる

常に演じてしまっているため、自分の良さや弱さ、強みや本当の課題などに気がつきにくくなってしまうことがある。自分を見失いかねない。

③周りからの信頼を損ねてしまう

自分のことを良く見せようと振る舞ってしまった結果、本当の姿が露呈したときに、周りからの信頼を損ねてしまうことがある。

▼大切なこと

等身大の自分、ありのままの自分を受け入れる。

15

インポスター症候群（Imposter syndrome）

能力があるにもかかわらず、自分を過小評価してしまう

▼こんなことはありませんか？

□「責任あるポジションを任せたい」と言われても、「私には無理」と思ってしまう

□「管理職を目指してほしい」と言われたが、「まだ無理」と、反応してしまった

□条件や環境が整っていないとできないと思うことがある

□相手や周りの評価が気になってしまい緊張してしまうことがある

□絶対大丈夫、絶対失敗しないという確約がないと挑戦できない

周りが十分に能力を評価した結果のオファーであっても、失敗するかもしれないないなどの不安により、私には無理と尻込みしてしまうアンコンシャス・バイアスです。

▼起こりうる問題例／影響

①自ら挑戦しようとしない

「私には無理」「まだ無理」と思い込んでしまう。自分の可能性を信じることができず、チャンスを逃してしまうことがある。

②仕事の依頼を断ってしまいがちになる

完璧にできないと評価が下がる気がして、始める前から「私にはできない」と思ってしまい、成長機会を逃してしまうことがある。

③言い訳が増える

「できない」と決めつけて、「でも…」「だって…」「どうせ…」といった言い訳が多くなり、結果として自分自身の成長を阻む可能性がある。

▼大切なこと

意識の置きどころを「評価されてのオファーである」「私にそのポジションがつとまるからこその依頼なんだ」と思うようにする。

※インポスター症候群は、「部下の成長機会」に大きな影響を与えます。

あなたが部下に、「新たなプロジェクトを任せるとき」「新たなポジション（役職）を打診するとき」「昇格人事を伝える場面」などには、このインポスター症候群に注意をしてみてください。

あなたの部下から、もしも「今の私には、無理です」「辞退します」といった反応を示したら、そのまま受けとめるのではなく、対話を継続してみてください。

また、「私に何かサポートできることはないかな？」とフォローをしてみることも大切です。「せっかくのオファーなのに、断られた」と、即座に感情的に反応しないようにしましょう。

おわりに

私たちの脳は、これまでに経験したことや、見聞きしたことに照らし合わせて、あらゆるものを「自分なりに解釈する」という機能をもっています。

人によって、この解釈はさまざまであるにもかかわらず、「自分の解釈が正しい」と無意識のうちに思い込んでしまい、知らぬ間に相手を傷つけたり、苦しめたりしていることがあるかもしれません。

私たちを取り巻く半径数メートルのなかで、無意識の偏見に苦しんでいる人がいるかもしれない。

誰もがそうした、苦しみから解放される社会をつくりたい。

そうした願いから、「一般社団法人アンコンシャスバイアス研究所」を設立することになりました。

その転機となったのが、2018年2月。

世界対がんデーに行われた「LAVENDER RING」主催のイベントで、「がんのアンコンシャス・バイアス（無意識の偏見）」に気づくと題したワークショップへの登壇でした。

これは、武田雅子さん（カルビー株式会社・常務執行役員）の発案によるオファーがきっかけでした。武田さんは、常日ごろからアンコンシャス・バイアスを意識し、「一人ひとりの活躍」「全員活躍」を大切にされている素晴らしいリーダーです。

実は、このオファーは、ぼくにとって、とても大きな意味をもっていました。

それは、母が長年、がんと共に生きたことと関係しています。

ぼくの母は、生前25年以上の長きにわたって乳がんを患い、再発を繰り返していたのですが、「がんに感謝して、がんと共に生きる」という言葉を口癖に、抗がん剤治療を続けながら、天国へと旅立つその直前まで、仕事を続けていました。

この母の姿に、ぼくは幾度となく、「がんに対するアンコンシャス・バイアス」に気づかされたのです（母の講演記録：http://www.cancerchannel.jp/post17803）。

「がんのアンコンシャス・バイアスに気づく」と題した講演をきっかけに、アンコンシャス・バイアスは、職場だけでなく、人にかかわるさまざまな社会問題に潜んでいると思うに至ったのです。

本書では、主に、「職場」に潜む問題についてふれてきましたが、この本が、「アンコンシャス・バイアス」という概念を知るきっかけとなり、「これって、私のアンコンシャス・バイアス？」という言葉が、職場だけでなく、家庭をはじめとしたいろいろな場面で合い言葉となり、一人ひとりがイキイキと活躍する社会につながっていくことを願ってやみません。

最後に、アンコンシャス・バイアスという概念を世の中に伝えていくにあたり、惜しみないアドバイスをくださった藤崎雄三先生、一般社団法人アンコンシャスバイアス研究所を設立するきっかけとなった武田雅子さん、いろいろな悩みや葛藤を打ち明けていただいた受講者のみなさん、イノベーション、コンプライアンス、組織風土などさまざまな企業の課題にアンコンシャス・バイアスが潜んでいるということを気づかせてくださった研修企画のご担当者さま、アンコンシャス・バイアスという概念を共に広げていただいている研修会社のみなさま、本当に数多くの方々との出会いにより、この本はかたちになりました。

いつも、ぼくを支えてくださっているみなさまには、感謝の気持ちでいっぱいです。本当にありがとうございます。

そして、ぼくのなかにあるアンコンシャス・バイアスに気づかせてくれる妻へ、心からの感謝を。

最後までお読みいただき、本当にありがとうございました。

守屋　智敬

参考文献

『組織の罠』クリス・アージリス著／河野昭三訳（文眞堂）

『行動意思決定論　バイアスの罠』M・H・ベイザーマン、D・A・ムーア著／長瀬勝彦訳（白桃書房）

『無意識の心理』C.G.ユング著／高橋義孝訳（人文書院）

『パラダイムの魔力　新装版』ジョエル・バーカー著／内田和成（序文）、仁平和夫訳（日経BP社）

『無意識の構造』河合隼雄著（中公新書）

『ステレオタイプの社会心理学～偏見の解消に向けて』上瀬由美子著（サイエンス社）

『脳はなにかと言い訳する～人は幸せになるようにできていた!?』池谷裕二著（新潮文庫）

『自分では気づかない、ココロの盲点 完全版 本当の自分を知る練習問題80』池谷裕二著（講談社）

『人はなぜ逃げおくれるのか―災害の心理学』広瀬弘忠著（集英社）

「日経サイエンス2014年5月号」（日本経済新聞出版社）

【著者紹介】

守屋　智敬（もりや・ともたか）

（一社）アンコンシャスバイアス研究所　代表理事
（株）モリヤコンサルティング　代表取締役
◉——1970年大阪府生まれ。神戸大学大学院修士課程修了後、都市計画事務所を経て、1999年人材系コンサルティング会社の立ち上げ期に参画。ビジョン策定や組織開発プログラムを通した数多くのリーダーシップ研修を提供。
◉——2015年株式会社モリヤコンサルティングを設立。管理職や経営層を中心に２万人以上のリーダー育成に携わる。2018年ひとりひとりがイキイキする社会を目指し、一般社団法人アンコンシャスバイアス研究所を設立、代表理事に就任。アンコンシャス・バイアス研修の受講者はこれまでに５万人を超える。
◉——著書に『シンプルだけれど重要なリーダーの仕事』（小社刊）、『導く力』（KADOKAWA刊）、『あなたのチームがうまくいかないのは「無意識」の思いこみのせいです』（大和書房刊）がある。

〈公式ホームページ〉
https://www.moriyatomotaka.com/
https://www.unconsciousbias-lab.org/

「アンコンシャス・バイアス」マネジメント
最高《さいこう》のリーダーは自分《じぶん》を信《しん》じない　〈検印廃止〉

2019年５月22日　第１刷発行
2023年10月17日　第７刷発行

著　者——守屋　智敬
発行者——齊藤　龍男
発行所——株式会社かんき出版
東京都千代田区麹町4-1-4 西脇ビル　〒102-0083
電話　営業部：03(3262)8011㈹　編集部：03(3262)8012㈹
FAX　03(3234)4421　振替　00100-2-62304
http://www.kanki-pub.co.jp/

印刷所——ベクトル印刷株式会社

　ISBN978-4-7612-7420-7 C0034